中华人民共和国

公司法

新旧对照与释义

赵磊◎编著

中国法制出版社

CHINA LEGAL PUBLISHING HOUSE

理解公司法应当把握的三个维度

2023 年 12 月 29 日，十四届全国人大常委会第七次会议表决通过新修订的《中华人民共和国公司法》（以下简称《公司法》），于 2024 年 7 月 1 日起施行。本次公司法修订历时五年，四易其稿，无论是在体系上，还是在内容上，都有比较大的变化。在体系上，新法增设"公司登记"和"国家出资公司组织机构的特别规定"两章；在内容上，完善了公司资本、治理结构、公司设立与退出、控股股东与实控人的责任等制度。

学习与理解新公司法，不能仅仅停留在文本的字面含义上，还要深刻体会影响公司法立法的因素。对一部法律、一个制度是好是坏的评价，不可避免地带有极强的主观色彩。正所谓"横看成岭侧成峰，远近高低各不同"，观察者不同，观察的角度不同，得出的结论自然不同。我们说起公司法，并非仅指文本确定的成文法，至少有三个不同层面的含义：一是实践层面的公司法，即市场主体从事经营活动感知的、实然的、符合商业逻辑的公司法；二是法理层面的公司法，即学者们追求的、应然的、理想化的、追求法律逻辑的公司法；三是立法层面的公司法，即立法机关制定的、符合立法目的和立法体系逻辑的公司法。从这个意义上说，判断公司法的成败得失，应当从以下三个维度去衡量和理解。

一、关注商事实践——功能主义的维度

民商法是市场经济的基本法，其中公司法是与市场经济联系最为紧密的法律之一。公司法存在的意义首先是规范公司组织与行为，公司法应该准确、及时、全面地反映公司在商业运行中的问题，公司制度应该有利于广大市场

主体通过公司参与市场经济活动。因而，公司法不仅是公司运行规范法，更应该是公司发展促进法。本次修法，在第一条增加"完善中国特色现代企业制度，弘扬企业家精神"的内容，旨在持续优化营商环境、激发市场创新活力。因此，本次修法很重要的一个维度就是"从我国实际出发，将实践中行之有效的做法和改革成果上升为法律规范"①。

新法第四十八条明确股东可以以"股权、债权"作价出资，就是呼应盘活闲置资产、出资多样化的现实需求，有利于减轻投资者的资金压力、激发市场活力。2018年《公司法》并未明确禁止股权、债权等权利可以作价出资，这两类权利属于"可以用货币估价并可以依法转让的非货币财产"，且不属于"法律、行政法规规定不得作为出资的财产"，在认缴资本制下，股权、债权出资并不会弱化公司偿债能力和侵害债权人利益。《市场主体登记管理条例实施细则》第十三条第三款规定："依法以境内公司股权或者债权出资的，应当权属清楚、权能完整，依法可以评估、转让，符合公司章程规定。"在实务中，股权出资、债权出资也已经非常普遍。除股权、债权出资以外，本次公司法修订吸收了许多实务中已经行之有效的做法，如增设类别股、董事会中设置审计委员会等，体现了公司法立法对商事实践的积极回应。

二、理顺立法体系——规范主义的维度

我国采取的是民商合一的立法模式，《中华人民共和国民法典》起到了统摄民法与商法的作用。民法典的法人部分吸收了大量的公司法规则，营利法人部分的有些条文甚至直接"反向复写"。② 在民法典时代，公司法立法应当考虑民商法体系的协调与统一问题。立法机关认为，本次公司法修订工作非常重视处理好公司法与其他法律法规的关系，考虑了公司法修改与民法典、外商投资法、证券法、企业国有资产法以及正在修改的企业破产法等法律的

---

① 《关于〈中华人民共和国公司法（修订草案）〉的说明》，载中国人大网，http://www.npc.gov.cn/npc/c2/c30834/202312/t20231229_433993.html，2024年1月9日访问。
② 参见赵磊：《民法典时代的商法体系化》，载《人民法院报》2020年7月30日，第6版。

衔接，并合理吸收了相关行政法规、规章、司法解释的成果。① 民法典立法时充分考虑到了公司与营利法人之间的高度一致，吸收了大量的公司法总则部分内容，本次公司法修改并未删减与民法典重合的规则，使得总则部分许多内容略显冗余。

从公司法内部体系上来说，现行公司法采用有限责任公司与股份有限公司"二分法"体系。在理论上，虽然有限公司与股份公司有所不同，但在实际运行中，有限公司与非上市股份公司并无本质区别。在制度安排上，如果将二者分别规定，则会叠床架屋，浪费立法资源。最典型的是，旧法将有限公司的股东会议称为"股东会"，将股份公司的股东会议称为"股东大会"，为何如此区别令人费解。本次修法将二者统一规定为"股东会"，虽一字之差，但立法机关的认真态度值得肯定。令人遗憾的是，新公司法并未将通用于二者的规则，如股东会、董事会的职权范围与议事规则等，提炼、抽象出来统一予以规定。

立法应该从理顺立法体系的角度出发，学习与理解公司法，也应当坚持体系化思维，不仅要关注公司法文本自身，也要与民法典、证券法、企业破产法、商业银行法、保险法等法律法规相结合。

三、着眼司法裁判——实用主义的维度

"法律的生命在于实施，法律的权威也在于实施。"是否有利于公司相关争议的解决，是衡量公司法立法质量的主要标准。长期以来，公司法中的宣示性、原则性规定占很大比重，可操作性较弱。人民法院在审理公司纠纷案件中，很多问题的处理不能直接从公司法中找到依据。最高人民法院只有通过司法解释、会议纪要、指导性案例等其他方式，对公司纠纷中的疑难问题制定指引性规则。最高人民法院出台的公司法司法解释多达 5 部共 91 个条文，《全国法院民商事审判工作会议纪要》（以下简称《九民纪要》）有 25

---

① 《关于〈中华人民共和国公司法（修订草案）〉的说明》，载中国人大网，http：//www.npc.gov.cn/npc/c2/c30834/202312/t20231229_ 433993. html，2024 年 1 月 9 日访问。

个条文涉及公司法的适用，这些位阶不高的规范性文件成为人民法院处理公司诉讼的主要依据。

本次修订意识到上述问题的重要性，也大量吸收了公司法司法解释、《九民纪要》的部分内容，在基本法律层面完善了公司制度，使得《公司法》的规则更为具体、明确，可操作性大大增强。例如，新法第五十四条规定的股东出资加速到期制度，就是在《九民纪要》相关规定的基础上修改、完善而来。再如，新法中有限责任公司股东优先购买权、公司决议不成立等诸多规定，借鉴了公司法司法解释与《九民纪要》的相关内容。新法出台后，接下来公司法的几部司法解释肯定要进行系统性修改。司法解释与成文法之间的良性互动，既是我国民商法立法与司法的主要特点，也是立法机关与人民法院的常态化工作内容。这不仅有利于民商事纠纷的解决，也有利于提高我国民商事法律的立法质量。

上述三个维度只是我们学习、理解公司法的视角，学好、用好公司法更要深刻理解公司法对我国社会主义市场经济建设的重要作用。《公司法》第一条开宗明义地规定了公司法的立法目的："为了规范公司的组织和行为，保护公司、股东、职工和债权人的合法权益，完善中国特色现代企业制度，弘扬企业家精神，维护社会经济秩序，促进社会主义市场经济的发展，根据宪法，制定本法。"因此，公司法不仅是公司的组织法和行为法，还是公司利益相关者的平衡法，更是社会主义市场经济的促进法。这是我们学习、理解公司法的纲领性指导思想。

赵磊

2024 年 1 月 9 日

凡　例

1. 本书中法律、行政法规名称中的"中华人民共和国"省略，其余一般不省略，例如，《中华人民共和国公司法》简称《公司法》，《中华人民共和国民法典》简称《民法典》。

2. 《全国法院民商事审判工作会议纪要》简称《九民纪要》。

3. 《最高人民法院关于适用〈中华人民共和国公司法〉若干问题的规定（三）》简称《公司法司法解释三》。

4. 《最高人民法院关于适用〈中华人民共和国公司法〉若干问题的规定（四）》简称《公司法司法解释四》。

5. 《最高人民法院关于适用〈中华人民共和国公司法〉若干问题的规定（五）》简称《公司法司法解释五》。

6. 2018 年《公司法》简称旧法，2023 年《公司法》简称新法。

目　　录

《中华人民共和国公司法》新旧对照与释义

（条文中的重要修改之处用黑体字凸显）

2023 年《公司法》	2018 年《公司法》	释 义
第一章 总 则	**第一章 总 则**	
第一条 为了规范公司的组织和行为，保护公司、股东、**职工**和债权人的合法权益，**完善中国特色现代企业制度，弘扬企业家精神**，维护社会经济秩序，促进社会主义市场经济的发展，**根据宪法**，制定本法。	**第一条** 为了规范公司的组织和行为，保护公司、股东和债权人的合法权益，维护社会经济秩序，促进社会主义市场经济的发展，制定本法。	本条是关于《公司法》立法目的的规定，由旧法第一条修改而来。本条主要可以从三个层次理解：（1）规范公司的组织和行为，公司法既是公司组织法，也是公司行为法；（2）保护公司、股东、职工和债权人等利益相关者之间的合法权益；（3）构建符合社会主义市场经济发展的中国特色现代企业制度。党的二十大报告中提到"完善中国特色现代企业制度，弘扬企业家精神，加快建设世界一流企业"，因此，本条增加"完善中国特色现代企业制度，弘扬企业家精神"的内容。增加"职工"作为利益相关者，体现了我国公司法的社会主义特色。增加"根据宪法"制定本法的规定。宪法是国家的根本法，是制定其他法律法

2023 年《公司法》	2018 年《公司法》	释　　义
		规的依据。 关联规定： **《立法法》** 　　**第五条**　立法应当符合宪法的规定、原则和精神，依照法定的权限和程序，从国家整体利益出发，维护社会主义法制的统一、尊严、权威。
第二条　本法所称公司，是指依照本法在**中华人民共和国境内**设立的有限责任公司和股份有限公司。	**第二条**　本法所称公司是指依照本法在中国境内设立的有限责任公司和股份有限公司。	本条由旧法第二条修改而来。本条以列举方式确定我国公司法规定的公司类型为有限责任公司和股份有限公司。在"本法所称公司"与"是指……"中间增加逗号，更为符合语言规范。"中国"修改为"中华人民共和国"。我国有中国大陆（内地）、台湾地区、香港和澳门特别行政区四个法域，《公司法》的适用空间范围不包括港澳台地区。
第三条　公司是企业法人，有独立的法人财产，享有法人财产权。公司以其全部财产对公司的债务承担责任。 　　**公司的合法权益受法律保护，不受侵犯。**	**第三条**　公司是企业法人，有独立的法人财产，享有法人财产权。公司以其全部财产对公司的债务承担责任。 　　有限责任公司的股东以其认缴的出资额为限对公司承担责任；股份有限公司的股东以其认购的股份为限对公司承担责任。	本条是关于公司为独立法人的规定。作为企业法人，公司的财产独立、人格独立、责任独立。 　　旧法第三条第二款调整至第四条，新法第二款内容为旧法第五条第二款调整而来。作为具有独立法人资格的民事主体，公司的合法权益理所当然地受法律保护，不受侵犯，调整至此更符合立法逻辑。

2023年《公司法》	2018年《公司法》	释 义
第四条 有限责任公司的股东以其认缴的出资额为限对公司承担责任;股份有限公司的股东以其认购的股份为限对公司承担责任。 公司股东对公司依法享有资产收益、参与重大决策和选择管理者等权利。	**第四条** 公司股东依法享有资产收益、参与重大决策和选择管理者等权利。	本条是关于股东有限责任与股东权利的规定,由旧法第三条第二款、第四条合并而来。 第一款由旧法第三条第二款调整至此,从根本上说,有限责任也属于股东利益的范畴。需要注意的是,无论是有限责任公司,还是股份有限公司,股东有限责任的对象是公司,而非公司债权人,因此,表述为"以其认缴的出资额"或"以其认购的股份"为限对公司承担责任。
第五条 设立公司应当依法制定公司章程。公司章程对公司、股东、董事、监事、高级管理人员具有约束力。	**第十一条** 设立公司必须依法制定公司章程。公司章程对公司、股东、董事、监事、高级管理人员具有约束力。	本条是关于公司制定章程的义务以及公司章程约束对象的规定。本条原为旧法第十一条,主要内容并无变化,只是将"必须"修改为"应当",弱化了公司制定公司章程的义务强度。 全国人民代表大会常务委员会法制工作委员会关于立法技术规范的相关规定中指出,"应当"与"必须"的含义没有实质区别。法律在表述义务性规范时,一般用"应当",不用"必须"。

2023 年《公司法》	2018 年《公司法》	释　义
第六条　公司应当有自己的名称。公司名称应当符合国家有关规定。 　　公司的名称权受法律保护。		本条为新增法条，是关于公司名称以及公司名称权的规定。 关联规定： 《民法典》 　　第一千零一十三条　法人、非法人组织享有名称权，有权依法决定、使用、变更、转让或者许可他人使用自己的名称。 　　第一千零一十四条　任何组织或者个人不得以干涉、盗用、假冒等方式侵害他人的姓名权或者名称权。
第七条　依照本法设立的有限责任公司，**应当**在公司名称中标明有限责任公司或者有限公司字样。 　　依照本法设立的股份有限公司，**应当**在公司名称中标明股份有限公司或者股份公司字样。	第八条　依照本法设立的有限责任公司，必须在公司名称中标明有限责任公司或者有限公司字样。 　　依照本法设立的股份有限公司，必须在公司名称中标明股份有限公司或者股份公司字样。	本条是公司应当在其名称中标注公司类型的规定。 　　本条原为旧法第八条，主要内容并无变化，只是将"必须"修改为"应当"。
第八条　公司以其主要办事机构所在地为住所。	第十条　公司以其主要办事机构所在地为住所。	本条是关于公司住所的规定，由旧法第十条平移至此。 关联规定： 《民法典》 　　第六十三条　法人以其主要办事机构所在地为住所。依法需要办理法人登记的，应当将主要办事机构所在地登记为住所。

2023 年《公司法》	2018 年《公司法》	释 义
		《市场主体登记管理条例》 　　**第十一条第一款** 市场主体只能登记一个住所或者主要经营场所。 　　由此，公司只能有一个住所，即其主要办事机构，且应当与其法人登记的住所一致。
第九条 公司的经营范围由公司章程规定。公司可以修改公司章程，变更经营范围。 　　公司的经营范围中属于法律、行政法规规定须经批准的项目，应当依法经过批准。	**第十二条** 公司的经营范围由公司章程规定，并依法登记。公司可以修改公司章程，改变经营范围，但是应当办理变更登记。 　　公司的经营范围中属于法律、行政法规规定须经批准的项目，应当依法经过批准。	本条是关于公司经营范围的规定，由旧法第十二条修改而来。新法增加了"公司登记"专章，根据第三十二条的规定，公司经营范围属于法定的公司登记事项。根据第三十四条的规定，其变更也应该办理变更登记。因此，本条删除公司经营范围需要"依法登记""改变经营范围，但是应当办理变更登记"等规定。
第十条 公司的法定代表人按照公司章程的规定，**由代表公司执行公司事务的董事或者经理担任。** 　　**担任法定代表人的董事或者经理辞任的，视为同时辞去法定代表人。** 　　**法定代表人辞任的，公司应当在法定代表人辞任之日起三十日内确定新的法定代表人。**	**第十三条** 公司法定代表人依照公司章程的规定，由董事长、执行董事或者经理担任，并依法登记。公司法定代表人变更，应当办理变更登记。	本条是关于公司法定代表人的规定，由旧法第十三条修改而来。 　　将"公司法定代表人依照公司章程的规定"中的"依照"修改为"按照"。 　　全国人民代表大会常务委员会法制工作委员会关于立法技术规范的相关规定中指出，规定以法律法规作为依据的，一般用"依照"。"按照"一般用于对约定、章

2023 年《公司法》	2018 年《公司法》	释　　义
		程、规定、份额、比例等的表述。
		将公司法定代表人"由董事长、执行董事或者经理担任"修改为"由代表公司执行公司事务的董事或者经理担任",扩大了可以担任公司法定代表人的人员范围,也体现了尊重公司自治的原则。
		第二款、第三款为新增内容,是关于法定代表人辞任的规定。根据第一款的规定,担任董事或者经理是法定代表人的基础条件,如果法定代表人辞去其担任的董事或者经理身份,意味着其失去担任法定代表人的资格。因此,视为其同时辞去法定代表人。
		关联规定:
		《民法典》
		第八十一条　营利法人应当设执行机构。
		执行机构行使召集权力机构会议,决定法人的经营计划和投资方案,决定法人内部管理机构的设置,以及法人章程规定的其他职权。
		执行机构为董事会或者执行董事的,董事长、执行董事或者经理按照法人章程的规定担任法定代表人;未

2023 年《公司法》	2018 年《公司法》	释 义
		设董事会或者执行董事的，法人章程规定的主要负责人为其执行机构和法定代表人。
第十一条 法定代表人以公司名义从事的民事活动，其法律后果由公司承受。 公司章程或者股东会对法定代表人职权的限制，不得对抗善意相对人。 法定代表人因执行职务造成他人损害的，由公司承担民事责任。公司承担民事责任后，依照法律或者公司章程的规定，可以向有过错的法定代表人追偿。		本条是为呼应《民法典》相关规定而新增的，是关于法定代表人行为的法律效果及其法律责任的规定。 关联规定： 《民法典》 第六十一条 依照法律或者法人章程的规定，代表法人从事民事活动的负责人，为法人的法定代表人。 法定代表人以法人名义从事的民事活动，其法律后果由法人承受。 法人章程或者法人权力机构对法定代表人代表权的限制，不得对抗善意相对人。 第六十二条 法定代表人因执行职务造成他人损害的，由法人承担民事责任。 法人承担民事责任后，依照法律或者法人章程的规定，可以向有过错的法定代表人追偿。
第十二条 有限责任公司变更为股份有限公司，应当符合本法规定的股份有限公司的条件。股份有限公司变更为有限责任公司，应当	第九条 有限责任公司变更为股份有限公司，应当符合本法规定的股份有限公司的条件。股份有限公司变更为有限责任公司，应当	本条规定的是公司形式变更准则主义与变更后的债权债务承继，由旧法第九条平移至此。 有限责任公司与股份有限公司可以相互变更，只要

2023 年《公司法》	2018 年《公司法》	释　义
符合本法规定的有限责任公司的条件。 　　有限责任公司变更为股份有限公司的，或者股份有限公司变更为有限责任公司的，公司变更前的债权、债务由变更后的公司承继。	符合本法规定的有限责任公司的条件。 　　有限责任公司变更为股份有限公司的，或者股份有限公司变更为有限责任公司的，公司变更前的债权、债务由变更后的公司承继。	符合法律规定的条件即可。公司形式上的变更并不影响其债权债务的承担。
第十三条　公司可以设立子公司。子公司具有法人资格，依法独立承担民事责任。 　　公司可以设立分公司。分公司不具有法人资格，其民事责任由公司承担。	**第十四条**　公司可以设立分公司。设立分公司，应当向公司登记机关申请登记，领取营业执照。分公司不具有法人资格，其民事责任由公司承担。 　　公司可以设立子公司，子公司具有法人资格，依法独立承担民事责任。	本条是关于子公司与分公司主体资格及其责任能力的规定，由旧法第十四条修改而来。 　　因新法增设专章"公司登记"，故本条删除"设立分公司，应当向公司登记机关申请登记，领取营业执照。"，将其独立为第二章"公司登记"部分的第三十八条，内容并无变化。
第十四条　公司可以向其他企业投资。 　　**法律规定公司不得成为对所投资企业的债务承担连带责任的出资人的，从其规定。**	**第十五条**　公司可以向其他企业投资；但是，除法律另有规定外，不得成为对所投资企业的债务承担连带责任的出资人。	本条是关于公司转投资及其限制的规定，由旧法第十五条修改而来。 　　公司向外投资本属其应然权利，旧法的规定极大限制了公司的经营自由，在立法技术上存在矛盾。本次修法将"除法律另有规定外，不得"修改为"法律规定公司不得……，从其规定"，符合本条的立法目的和商事实践需求。

2023 年《公司法》	2018 年《公司法》	释 义
第十五条 公司向其他企业投资或者为他人提供担保，**按照**公司章程的规定，由董事会或者股东会决议；公司章程对投资或者担保的总额及单项投资或者担保的数额有限额规定的，不得超过规定的限额。 公司为公司股东或者实际控制人提供担保的，**应当**经股东会决议。 前款规定的股东或者受前款规定的实际控制人支配的股东，不得参加前款规定事项的表决。该项表决由出席会议的其他股东所持表决权的过半数通过。	**第十六条** 公司向其他企业投资或者为他人提供担保，依照公司章程的规定，由董事会或者股东会、股东大会决议；公司章程对投资或者担保的总额及单项投资或者担保的数额有限额规定的，不得超过规定的限额。 公司为公司股东或者实际控制人提供担保的，必须经股东会或者股东大会决议。 前款规定的股东或者受前款规定的实际控制人支配的股东，不得参加前款规定事项的表决。该项表决由出席会议的其他股东所持表决权的过半数通过。	本条原为旧法第十六条，实质内容并未修改，只是在表达方式上根据新法内容和立法规范作了调整。 新法将旧法中股份有限公司的股东大会修改为与有限责任公司一致的股东会，故删除"股东大会"。 公司对外投资或为他人提供担保属于公司自治范畴的重大事项，应当由公司章程规定其决策程序。股东或者实际控制人作为利害关系人，为其提供担保应当更为谨慎、严格。
第十六条 公司应当保护职工的合法权益，依法与职工签订劳动合同，参加社会保险，加强劳动保护，实现安全生产。 公司应当采用多种形式，加强公司职工的职业教育和岗位培训，提高职工素质。	**第十七条** 公司必须保护职工的合法权益，依法与职工签订劳动合同，参加社会保险，加强劳动保护，实现安全生产。 公司应当采用多种形式，加强公司职工的职业教育和岗位培训，提高职工素质。	本条是关于公司负有对职工权益保护义务的规定，由旧法第十七条微调而来，内容并无变化，只是将第一款"必须"修改为"应当"。

2023 年《公司法》	2018 年《公司法》	释　义
第十七条　公司职工依照《中华人民共和国工会法》组织工会，开展工会活动，维护职工合法权益。公司应当为本公司工会提供必要的活动条件。公司工会代表职工就职工的劳动报酬、工作时间、**休息休假**、劳动安全卫生和保险福利等事项依法与公司签订集体合同。 　　公司依照宪法和有关法律的规定，**建立健全以职工代表大会为基本形式的民主管理制度**，通过职工代表大会或者其他形式，实行民主管理。 　　公司研究决定改制、**解散、申请破产**以及经营方面的重大问题、制定重要的规章制度时，应当听取公司工会的意见，并通过职工代表大会或者其他形式听取职工的意见和建议。	**第十八条**　公司职工依照《中华人民共和国工会法》组织工会，开展工会活动，维护职工合法权益。公司应当为本公司工会提供必要的活动条件。公司工会代表职工就职工的劳动报酬、工作时间、福利、保险和劳动安全卫生等事项依法与公司签订集体合同。 　　公司依照宪法和有关法律的规定，通过职工代表大会或者其他形式，实行民主管理。 　　公司研究决定改制以及经营方面的重大问题、制定重要的规章制度时，应当听取公司工会的意见，并通过职工代表大会或者其他形式听取职工的意见和建议。	本条是关于公司工会及民主管理的规定，由旧法第十八条修改而来。 　　本条的主要变化如下： 　　一是工会代表职工与公司签订的集体合同增加"休息休假"内容。 　　二是增加了"建立健全以职工代表大会为基本形式的民主管理制度"，强化了职工参与公司民主管理的作用。 　　三是在职工参与公司决策事项中，增加"解散、申请破产"的内容。
第十八条　在公司中，根据中国共产党章程的规定，设立中国共产党的组织，开展党的活动。公司应当为党组织的活动提供必要条件。	**第十九条**　在公司中，根据中国共产党章程的规定，设立中国共产党的组织，开展党的活动。公司应当为党组织的活动提供必要条件。	本条是关于公司党组织活动的规定，由旧法第十九条平移至此。

2023 年《公司法》	2018 年《公司法》	释 义
第十九条 公司从事经营活动，应当遵守法律法规，遵守社会公德、商业道德，诚实守信，接受政府和社会公众的监督。	**第五条** 公司从事经营活动，必须遵守法律、行政法规，遵守社会公德、商业道德，诚实守信，接受政府和社会公众的监督，承担社会责任。 公司的合法权益受法律保护，不受侵犯。	本条是关于公司应当合法经营的倡导性规定，由旧法第五条调整而来。 公司承担社会责任的规定移至第二十条，公司合法权益受法律保护的内容移至第三条。
第二十条 公司从事经营活动，应当充分考虑公司职工、消费者等利益相关者的利益以及生态环境保护等社会公共利益，承担社会责任。 国家鼓励公司参与社会公益活动，公布社会责任报告。		本条为新增条文，是关于公司 ESG 的体现。 ESG（环境、社会和公司治理）是近年来全球企业经营的潮流。本次修订对此积极回应，并根据利益相关者理论，规定本条内容。
第二十一条 公司股东应当遵守法律、行政法规和公司章程，依法行使股东权利，不得滥用股东权利损害公司或者其他股东的利益。 公司股东滥用股东权利给公司或者其他股东造成损失的，应当承担赔偿责任。	**第二十条** 公司股东应当遵守法律、行政法规和公司章程，依法行使股东权利，不得滥用股东权利损害公司或者其他股东的利益；不得滥用公司法人独立地位和股东有限责任损害公司债权人的利益。 公司股东滥用股东权利给公司或者其他股东造成损失的，应当依法承担赔偿责任。	本条是关于禁止股东滥用权利的规定，由旧法第二十条修订而来。 本次修订将股东滥用公司法人独立地位和有限责任损害公司债权人利益的禁止性规定单独列为新法第二十三条。

2023 年《公司法》	2018 年《公司法》	释　义
	公司股东滥用公司法人独立地位和股东有限责任，逃避债务，严重损害公司债权人利益的，应当对公司债务承担连带责任。	
第二十二条　公司的控股股东、实际控制人、董事、监事、高级管理人员**不得利用关联关系**损害公司利益。 违反前款规定，给公司造成损失的，应当承担赔偿责任。	**第二十一条**　公司的控股股东、实际控制人、董事、监事、高级管理人员不得利用其关联关系损害公司利益。 违反前款规定，给公司造成损失的，应当承担赔偿责任。	本条是关于禁止关联交易的规定，由旧法第二十一条微调而来。 本条内容并无实质变化，只是删除了"不得利用"与"关联关系损害公司利益"之间的"其"。 利害关系人与公司之间的关联关系并非我国公司法的禁止性行为，只是不得损害公司利益，否则，行为人应当承担相应的法律责任。 关联规定： **《民法典》** 　**第八十四条**　营利法人的控股出资人、实际控制人、董事、监事、高级管理人员不得利用其关联关系损害法人的利益；利用关联关系造成法人损失的，应当承担赔偿责任。
第二十三条　公司股东滥用公司法人独立地位和股东有限责任，逃避债务，严重损害公司债权人利益的，应当对公司债务承担连带责任。	**第二十条**　公司股东应当遵守法律、行政法规和公司章程，依法行使股东权利，不得滥用股东权利损害公司或者其他股东的利益；不	本条是关于公司法人人格否认制度的规定，为旧法第二十条与第六十三条合并、调整而来。 新法删除了"一人公司"的内容，故将一人公司

2023 年《公司法》	2018 年《公司法》	释 义
股东利用其控制的两个以上公司实施前款规定行为的，各公司应当对任一公司的债务承担连带责任。 只有一个股东的公司，股东不能证明公司财产独立于股东自己的财产的，应当对公司债务承担连带责任。	得滥用公司法人独立地位和股东有限责任损害公司债权人的利益。 公司股东滥用股东权利给公司或者其他股东造成损失的，应当依法承担赔偿责任。 公司股东滥用公司法人独立地位和股东有限责任，逃避债务，严重损害公司债权人利益的，应当对公司债务承担连带责任。 第六十三条 一人有限责任公司的股东不能证明公司财产独立于股东自己的财产的，应当对公司债务承担连带责任。	的法人人格内容移至本条。 本条第二款为新增内容，确认了"关联公司法人人格横向否认"制度。 关联规定： 《九民纪要》 11.【过度支配与控制】 …… 控制股东或实际控制人控制多个子公司或者关联公司，滥用控制权使多个子公司或者关联公司财产边界不清、财务混同，利益相互输送，丧失人格独立性，沦为控制股东逃避债务、非法经营，甚至违法犯罪工具的，可以综合案件事实，否认子公司或者关联公司法人人格，判令承担连带责任。
第二十四条 公司股东会、董事会、监事会召开会议和表决可以采用电子通信方式，公司章程另有规定的除外。		本条为新增条款，承认股东会、董事会、监事会以电子通信方式召开和表决的效力，并允许公司通过公司章程另有规定的方式对此规定予以排除。
第二十五条 公司股东会、董事会的决议内容违反法律、行政法规的无效。	第二十二条第一款 公司股东会或者股东大会、董事会的决议内容违反法律、行政法规的无效。	本条是关于股东会、董事会决议无效的规定，由旧法第二十二条第一款内容微调而来。 关联规定： 《民法典》 第一百五十三条 违反

2023 年《公司法》	2018 年《公司法》	释　义
		法律、行政法规的强制性规定的民事法律行为无效。但是，该强制性规定不导致该民事法律行为无效的除外。 　　违背公序良俗的民事法律行为无效。
第二十六条　公司股东会、董事会的会议召集程序、表决方式违反法律、行政法规或者公司章程，或者决议内容违反公司章程的，股东自决议作出之日起六十日内，可以请求人民法院撤销。但是，股东会、董事会的会议召集程序或者表决方式仅有轻微瑕疵，对决议未产生实质影响的除外。 　　**未被通知参加股东会会议的股东自知道或者应当知道股东会决议作出之日起六十日内，可以请求人民法院撤销；自决议作出之日起一年内没有行使撤销权的，撤销权消灭。**	**第二十二条第二款、第三款、第四款**　股东会或者股东大会、董事会的会议召集程序、表决方式违反法律、行政法规或者公司章程，或者决议内容违反公司章程的，股东可以自决议作出之日起六十日内，请求人民法院撤销。 　　股东依照前款规定提起诉讼的，人民法院可以应公司的请求，要求股东提供相应担保。 　　公司根据股东会或者股东大会、董事会决议已办理变更登记的，人民法院宣告该决议无效或者撤销该决议后，公司应当向公司登记机关申请撤销变更登记。	本条是关于公司决议撤销的规定，主要内容为旧法第二十二条第二款、第三款、第四款修改而来。 　　本条新增"未被通知参加股东会会议的股东自知道或者应当知道股东会决议作出之日起六十日内，可以请求人民法院撤销"的规定，更有利于不知情股东的利益保护。 　　新增会议召集程序或者表决方式仅有轻微瑕疵且并未对决议产生实质影响的，股东无权撤销的规定，应该是借鉴了《公司法司法解释四》第四条的相关内容。 　　本条第二款新增股东行使撤销权一年的除斥期间。取消了股东提起决议撤销诉讼，可以应公司请求，要求股东提供担保的规定。

2023 年《公司法》	2018 年《公司法》	释 义
第二十七条　有下列情形之一的，公司股东会、董事会的决议不成立： 　　（一）未召开股东会、董事会会议作出决议； 　　（二）股东会、董事会会议未对决议事项进行表决； 　　（三）出席会议的人数或者所持表决权数未达到本法或者公司章程规定的人数或者所持表决权数； 　　（四）同意决议事项的人数或者所持表决权数未达到本法或者公司章程规定的人数或者所持表决权数。		本条为新增条款，是关于公司决议不成立的规定。 　　本条内容主要借鉴《公司法司法解释四》第五条的相关规定。 关联规定： **《公司法司法解释四》** 　　第五条　股东会或者股东大会、董事会决议存在下列情形之一，当事人主张决议不成立的，人民法院应当予以支持： 　　（一）公司未召开会议的，但依据公司法第三十七条第二款或者公司章程规定可以不召开股东会或者股东大会而直接作出决定，并由全体股东在决定文件上签名、盖章的除外； 　　（二）会议未对决议事项进行表决的； 　　（三）出席会议的人数或者股东所持表决权不符合公司法或者公司章程规定的； 　　（四）会议的表决结果未达到公司法或者公司章程规定的通过比例的； 　　（五）导致决议不成立的其他情形。

2023 年《公司法》	2018 年《公司法》	释　义
第二十八条　公司股东会、董事会决议被人民法院宣告无效、撤销或者确认不成立的，公司应当向公司登记机关申请撤销根据该决议已办理的登记。 　　股东会、董事会决议被人民法院宣告无效、撤销或者确认不成立的，公司根据该决议与善意相对人形成的民事法律关系不受影响。	第二十二条第四款　公司根据股东会或者股东大会、董事会决议已办理变更登记的，人民法院宣告该决议无效或者撤销该决议后，公司应当向公司登记机关申请撤销变更登记。	本条是关于公司决议无效、被撤销或者被确认不成立的规定，由旧法第二十二条第四款修改而来。 　　公司决议无效、被撤销或者被确认不成立的，以此为基础的公司登记当然也应该予以撤销。 　　本条第二款的立法目的是保护善意相对人的利益，是商事外观主义和稳定交易秩序的体现。

2023 年《公司法》	2018 年《公司法》	释　义
第二章　公司登记		本章为新增规定。旧法对公司登记并无专门规定，相关内容较少，可操作性差。本次修法将公司登记专章规定，提高了公司登记的体系性与实用性。本章内容多为商事必备条款，围绕公司设立登记、存续期间的变更登记、分公司登记以及注销登记等程序性规定及其效力展开。
第二十九条　设立公司，应当依法向公司登记机关申请设立登记。 　　法律、行政法规规定设立公司必须报经批准的，应当在公司登记前依法办理批准手续。	**第六条**　设立公司，应当依法向公司登记机关申请设立登记。符合本法规定的设立条件的，由公司登记机关分别登记为有限责任公司或者股份有限公司；不符合本法规定的设立条件的，不得登记为有限责任公司或者股份有限公司。 　　法律、行政法规规定设立公司必须报经批准的，应当在公司登记前依法办理批准手续。 　　公众可以向公司登记机关申请查询公司登记事项，公司登记机关应当提供查询服务。	本条是关于公司设立登记的规定，由旧法第六条修改而来。 　　旧法第六条第一款部分内容独立为新法第三十一条。删除了旧法第六条第三款。在信息化时代，公司登记事项的查询方式主要以线上为主，公众可以通过国家企业信用信息公示系统查询，本次修法将这部分内容修订后放置于第三十二条第二款。

2023 年《公司法》	2018 年《公司法》	释　义
第三十条　申请设立公司，应当提交设立登记申请书、公司章程等文件，提交的相关材料应当真实、合法和有效。 　　申请材料不齐全或者不符合法定形式的，公司登记机关应当一次性告知需要补正的材料。	第二十九条　股东认足公司章程规定的出资后，由全体股东指定的代表或者共同委托的代理人向公司登记机关报送公司登记申请书、公司章程等文件，申请设立登记。 　　第九十二条　董事会应于创立大会结束后三十日内，向公司登记机关报送下列文件，申请设立登记： 　　（一）公司登记申请书； 　　（二）创立大会的会议记录； 　　（三）公司章程； 　　（四）验资证明； 　　（五）法定代表人、董事、监事的任职文件及其身份证明； 　　（六）发起人的法人资格证明或者自然人身份证明； 　　（七）公司住所证明。 　　以募集方式设立股份有限公司公开发行股票的，还应当向公司登记机关报送国务院证券监督管理机构的核准文件。	本条是关于公司申请登记且应当保证申请材料真实、合法和有效的规定，由旧法第二十九条与第九十二条整合而来。 　　关联规定： 　　**《市场主体登记管理条例》** 　　第十七条　申请人应当对提交材料的真实性、合法性和有效性负责。 　　第十九条　登记机关应当对申请材料进行形式审查。对申请材料齐全、符合法定形式的予以确认并当场登记。不能当场登记的，应当在 3 个工作日内予以登记；情形复杂的，经登记机关负责人批准，可以再延长 3 个工作日。 　　申请材料不齐全或者不符合法定形式的，登记机关应当一次性告知申请人需要补正的材料。

2023 年《公司法》	2018 年《公司法》	释　义
第三十一条　申请设立公司，符合本法规定的设立条件的，由公司登记机关分别登记为有限责任公司或者股份有限公司；不符合本法规定的设立条件的，不得登记为有限责任公司或者股份有限公司。	第六条第一款　设立公司，应当依法向公司登记机关申请设立登记。符合本法规定的设立条件的，由公司登记机关分别登记为有限责任公司或者股份有限公司；不符合本法规定的设立条件的，不得登记为有限责任公司或者股份有限公司。	本条是关于设立公司必须符合法定条件的规定，由旧法第六条第一款微调而来。 　　本条内容主要强调申请设立公司必须符合《公司法》规定的条件。
第三十二条　公司登记事项包括： 　　（一）名称； 　　（二）住所； 　　（三）注册资本； 　　（四）经营范围； 　　（五）法定代表人的姓名； 　　（六）有限责任公司股东、股份有限公司发起人的姓名或者名称。 　　公司登记机关应当将前款规定的公司登记事项通过国家企业信用信息公示系统向社会公示。		本条是关于公司登记事项的规定，旧法对此并无明确规定，为本次修法新增法条。 　　《民法典》第五十八条规定了法人的成立条件，这些都属于法人登记事项的范畴。 关联规定： 《民法典》 　　第五十八条　法人应当依法成立。 　　法人应当有自己的名称、组织机构、住所、财产或者经费。法人成立的具体条件和程序，依照法律、行政法规的规定。 　　设立法人，法律、行政法规规定须经有关机关批准的，依照其规定。

2023 年《公司法》	2018 年《公司法》	释　义
第三十三条　依法设立的公司，由公司登记机关发给公司营业执照。公司营业执照签发日期为公司成立日期。 　　公司营业执照应当载明公司的名称、住所、注册资本、经营范围、法定代表人姓名等事项。 　　**公司登记机关可以发给电子营业执照。电子营业执照与纸质营业执照具有同等法律效力。**	第七条　依法设立的公司，由公司登记机关发给公司营业执照。公司营业执照签发日期为公司成立日期。 　　公司营业执照应当载明公司的名称、住所、注册资本、经营范围、法定代表人姓名等事项。 　　公司营业执照记载的事项发生变更的，公司应当依法办理变更登记，由公司登记机关换发营业执照。	本条是关于公司营业执照的规定，为旧法第七条修改而来。 　　第一款、第二款内容无变化。第三款经修改后，为新法第三十六条。 　　本条新增第三款是关于电子营业执照的规定。在互联网时代，无纸化、电子化应用已经十分普遍。国家市场监督管理总局 2018 年 12 月 17 日印发《电子营业执照管理办法（试行）》，其第二条第二款规定："本办法所称电子营业执照，是指由市场监管部门依据国家有关法律法规、按照统一标准规范核发的载有市场主体登记信息的法律电子证件。电子营业执照与纸质营业执照具有同等法律效力，是市场主体取得主体资格的合法凭证。"
第三十四条　公司登记事项发生变更的，应当依法办理变更登记。 　　**公司登记事项未经登记或者未经变更登记，不得对抗善意相对人。**	第七条第三款　公司营业执照记载的事项发生变更的，公司应当依法办理变更登记，由公司登记机关换发营业执照。 　　第三十二条第三款　公司应当将股东的姓名或者名称向公司登记机关登记；登记事项发生变更的，应当办理变	本条为新增法条，是关于公司登记事项变更的规定，由旧法第七条第三款、第三十二条第三款整合、修改而来。 　　公司登记的事项发生实际变化的，应该进行相应的变更登记，同时换发新的公司营业执照。如果没有及时变更的，根据商事外观主义原则，从保护善意相对人的

2023 年《公司法》	2018 年《公司法》	释　　义
	更登记。未经登记或者变更登记的，不得对抗第三人。	信赖利益的角度出发，未变更登记事项不具有对抗第三人的效力。"第三人"改为"善意相对人"，与《民法典》保持一致。 关联规定： 《民法典》 　　第六十五条　法人的实际情况与登记的事项不一致的，不得对抗善意相对人。
第三十五条　公司申请变更登记，应当向公司登记机关提交公司法定代表人签署的变更登记申请书、依法作出的变更决议或者决定等文件。 　　公司变更登记事项涉及修改公司章程的，应当提交修改后的公司章程。 　　公司变更法定代表人的，变更登记申请书由变更后的法定代表人签署。		本条为新增条款，规定的是公司变更登记的程序要求。 　　公司变更法定代表人进行变更登记的，由变更后的法定代表人签署申请书，在实务中更具可操作性。同时，隐含了公司一旦经过法定程序作出登记事项变更的，即发生法律效力，登记事项变更不过是形式要求而已。
第三十六条　公司营业执照记载的事项发生变更的，公司办理变更登记后，由公司登记机关换发营业执照。	第七条第三款　公司营业执照记载的事项发生变更的，公司应当依法办理变更登记，由公司登记机关换发营业执照。	本条规定的是公司营业执照的换发，由旧法第七条第三款修改而来。

2023 年《公司法》	2018 年《公司法》	释　义
第三十七条　公司因解散、被宣告破产或者其他法定事由需要终止的，应当依法向公司登记机关申请注销登记，由公司登记机关公告公司终止。	第一百八十八条　公司清算结束后，清算组应当制作清算报告，报股东会、股东大会或者人民法院确认，并报送公司登记机关，申请注销公司登记，公告公司终止。	本条是关于公司注销登记的规定，由旧法第一百八十八条修改而来。 公司的法人资格因设立登记而取得，其法人资格的终止也理应进行注销登记。
第三十八条　公司设立分公司，应当向公司登记机关申请登记，领取营业执照。	第十四条　公司可以设立分公司。设立分公司，应当向公司登记机关申请登记，领取营业执照。分公司不具有法人资格，其民事责任由公司承担。 公司可以设立子公司，子公司具有法人资格，依法独立承担民事责任。	本条是关于公司分公司登记的规定，由旧法第十四条第一款前两句话微调而来。第三句话放入新法第十三条第二款。第二款现为新法第十三条第一款。 分公司虽然不具有独立的法人资格与责任能力，但因其在一定程度上独立经营，所以应当进行独立的设立登记，领取独立的分公司营业执照。
第三十九条　虚报注册资本、提交虚假材料或者采取其他欺诈手段隐瞒重要事实取得公司设立登记的，公司登记机关应当依照法律、行政法规的规定予以撤销。	第一百九十八条　违反本法规定，虚报注册资本、提交虚假材料或者采取其他欺诈手段隐瞒重要事实取得公司登记的，由公司登记机关责令改正，对虚报注册资本的公司，处以虚报注册资本金额百分之五以上百分之十五以下的罚款；对提交虚假材料或者采取其他欺诈手	本条是关于撤销公司登记的规定，由旧法第一百九十八条修改而来。 我国公司法原则上对公司设立采取准则主义，这就要求公司设立登记必须符合法定条件。通过"虚报注册资本、提交虚假材料或者采取其他欺诈手段隐瞒重要事实"等弄虚作假的行为取得的公司登记，在基础条件上存在根本缺陷，理应予以撤销。

2023 年《公司法》	2018 年《公司法》	释　义
	段隐瞒重要事实的公司，处以五万元以上五十万元以下的罚款；情节严重的，撤销公司登记或者吊销营业执照。	关联规定： **《市场主体登记管理条例》** 　第四十条　提交虚假材料或者采取其他欺诈手段隐瞒重要事实取得市场主体登记的，受虚假市场主体登记影响的自然人、法人和其他组织可以向登记机关提出撤销市场主体登记的申请。 　登记机关受理申请后，应当及时开展调查。经调查认定存在虚假市场主体登记情形的，登记机关应当撤销市场主体登记。相关市场主体和人员无法联系或者拒不配合的，登记机关可以将相关市场主体的登记时间、登记事项等通过国家企业信用信息公示系统向社会公示，公示期为 45 日。相关市场主体及其利害关系人在公示期内没有提出异议的，登记机关可以撤销市场主体登记。 　因虚假市场主体登记被撤销的市场主体，其直接责任人自市场主体登记被撤销之日起 3 年内不得再次申请市场主体登记。登记机关应当通过国家企业信用信息公示系统予以公示。 　第四十一条　有下列情形之一的，登记机关可以不予撤销市场主体登记：

2023 年《公司法》	2018 年《公司法》	释　　义
		（一）撤销市场主体登记可能对社会公共利益造成重大损害；
		（二）撤销市场主体登记后无法恢复到登记前的状态；
		（三）法律、行政法规规定的其他情形。
		第四十二条　登记机关或者其上级机关认定撤销市场主体登记决定错误的，可以撤销该决定，恢复原登记状态，并通过国家企业信用信息公示系统公示。
第四十条　公司应当按照规定通过国家企业信用信息公示系统公示下列事项： （一）有限责任公司股东认缴和实缴的出资额、出资方式和出资日期，股份有限公司发起人认购的股份数； （二）有限责任公司股东、股份有限公司发起人的股权、股份变更信息； （三）行政许可取得、变更、注销等信息； （四）法律、行政法规规定的其他信息。 　公司应当确保前款公示信息真实、准确、完整。		本条是关于公司公示事项的规定，为新增内容。 　通过立法明确要求公司将重要事项，特别是关系公司履约能力、偿债能力的信用信息予以公示，是本次修法的亮点之一。本条所列事项大多并不属于公司登记的必备要素，但是事关公司信用，通过国家企业信用信息公示系统公示出来，有以下两个方面的作用：一方面，彰显公司信用，为市场交易提供判断信息；另一方面，赋予这类信息公示公信力，保护善意相对人的信赖利益。

2023 年《公司法》	2018 年《公司法》	释　义
第四十一条　公司登记机关应当优化公司登记办理流程，提高公司登记效率，加强信息化建设，推行网上办理等便捷方式，提升公司登记便利化水平。 　　国务院市场监督管理部门根据本法和有关法律、行政法规的规定，制定公司登记注册的具体办法。		本条为新增条文，是对公司登记机关的倡导性要求。 　　公司登记应当本着简政放权、便民利民、促进交易的原则进行，利用网络信息等科技手段，优化服务水平、简化登记程序、提高办事效率。

2023 年《公司法》	2018 年《公司法》	释　义
第三章　有限责任公司的设立和组织机构	第二章　有限责任公司的设立和组织机构	
第一节　设　立	第一节　设　立	
第四十二条　有限责任公司由一个以上五十个以下股东出资设立。	第二十四条　有限责任公司由五十个以下股东出资设立。 　　第五十七条第一款　一人有限责任公司的设立和组织机构，适用本节规定；本节没有规定的，适用本章第一节、第二节的规定。	本条是关于有限责任公司股东人数限制的规定，由旧法第二十四条与第五十七条第一款修改而来。 　　一人有限责任公司是2005 年《公司法》修订时增加的内容，当时的模式是将一般的有限责任公司与一人有限责任公司分别规定。经过多年的实践，一人有限责任公司已经非常普遍，没有必要再强调其特殊性。因此，本次修法将一人有限责任公司吸收合并到普遍意义上的有限责任公司中，不再作特别规定。
第四十三条　有限责任公司设立时的股东可以签订设立协议，明确各自在公司设立过程中的权利和义务。		本条为新增条文，是关于股东设立协议的规定。 　　订立发起人协议属于公司设立行为的范畴，目的是明确发起人在公司设立阶段的权利与义务。发起人协议在性质上属于合伙协议。从文义上看，本条并非强制性条款，设立公司时可选择适用。

2023 年《公司法》	2018 年《公司法》	释　义
第四十四条　有限责任公司设立时的股东为设立公司从事的民事活动，其法律后果由公司承受。 　　公司未成立的，其法律后果由公司设立时的股东承受；设立时的股东为二人以上的，享有连带债权，承担连带债务。 　　设立时的股东为设立公司以自己的名义从事民事活动产生的民事责任，第三人有权选择请求公司或者公司设立时的股东承担。 　　设立时的股东因履行公司设立职责造成他人损害的，公司或者无过错的股东承担赔偿责任后，可以向有过错的股东追偿。		本条为新增条文，是关于公司设立产生的法律后果的规定。 　　公司设立阶段尚未取得法人主体资格，公司设立成功（公司成立）的，设立时民事活动的法律后果理应由公司承担。公司设立未成功（公司未成立）的，其法律后果应由设立时的责任人，即发起人承受，如果发起人是二人以上的，则负连带责任。 　　设立时的股东为设立公司以自己的名义从事活动的，从形式上看，是股东的行为，实质上是为了公司的利益的行为，因此，第三款实行"双责制"，公司和股东都有义务承担因此而产生的法律后果。 关联规定： **《民法典》** 　　**第七十五条**　设立人为设立法人从事的民事活动，其法律后果由法人承受；法人未成立的，其法律后果由设立人承受，设立人为二人以上的，享有连带债权，承担连带债务。 　　设立人为设立法人以自己的名义从事民事活动产生的民事责任，第三人有权选

2023 年《公司法》	2018 年《公司法》	释　　义
		择请求法人或者设立人承担。 **《公司法司法解释三》** 　　**第二条**　发起人为设立公司以自己名义对外签订合同，合同相对人请求该发起人承担合同责任的，人民法院应予支持；公司成立后合同相对人请求公司承担合同责任的，人民法院应予支持。 　　**第三条**　发起人以设立中公司名义对外签订合同，公司成立后合同相对人请求公司承担合同责任的，人民法院应予支持。 　　公司成立后有证据证明发起人利用设立中公司的名义为自己的利益与相对人签订合同，公司以此为由主张不承担合同责任的，人民法院应予支持，但相对人为善意的除外。 　　**第四条**　公司因故未成立，债权人请求全体或者部分发起人对设立公司行为所产生的费用和债务承担连带清偿责任的，人民法院应予支持。 　　部分发起人依照前款规定承担责任后，请求其他发起人分担的，人民法院应当判令其他发起人按照约定的责任承担比例分担责任；没有约定责任承担比例的，按

2023 年《公司法》	2018 年《公司法》	释　义
		照约定的出资比例分担责任；没有约定出资比例的，按照均等份额分担责任。 　　因部分发起人的过错导致公司未成立，其他发起人主张其承担设立行为所产生的费用和债务的，人民法院应当根据过错情况，确定过错一方的责任范围。 　　**第五条**　发起人因履行公司设立职责造成他人损害，公司成立后受害人请求公司承担侵权赔偿责任的，人民法院应予支持；公司未成立，受害人请求全体发起人承担连带赔偿责任的，人民法院应予支持。 　　公司或者无过错的发起人承担赔偿责任后，可以向有过错的发起人追偿。
第四十五条　设立有限责任公司，应当由股东共同制定公司章程。	**第二十三条**　设立有限责任公司，应当具备下列条件： 　　…… 　　（三）股东共同制定公司章程； 　　……	本条是关于公司章程制定的规定，由旧法第二十三条第三项微调而来。 　　股东是公司最直接的利害关系者，并且受公司章程约束，由全体股东共同制定公司章程顺理成章。
第四十六条　有限责任公司章程应当载明下列事项： 　　（一）公司名称和住所； 　　（二）公司经营范	**第二十五条**　有限责任公司章程应当载明下列事项： 　　（一）公司名称和住所； 　　（二）公司经营范	本条是关于公司章程载明事项的规定，由旧法第二十五条微调而来。 　　公司章程应当记载彰显公司重大事项、股东身份及其出资情况以及公司治理结

2023 年《公司法》	2018 年《公司法》	释　　义
围； 　　（三）公司注册资本； 　　（四）股东的姓名或者名称； 　　（五）股东的出资额、出资方式和**出资日期**； 　　（六）公司的机构及其产生办法、职权、议事规则； 　　（七）公司法定代表人的**产生、变更办法**； 　　（八）股东会认为需要规定的其他事项。 　　股东应当在公司章程上签名或者盖章。	围； 　　（三）公司注册资本； 　　（四）股东的姓名或者名称； 　　（五）股东的出资方式、出资额和出资时间； 　　（六）公司的机构及其产生办法、职权、议事规则； 　　（七）公司法定代表人； 　　（八）股东会会议认为需要规定的其他事项。 　　股东应当在公司章程上签名、盖章。	构等信息。 　　本条有两处微调： 　　一是将"公司法定代表人"修改为"公司法定代表人的产生、变更办法"。新法第十条第一款规定："公司的法定代表人按照公司章程的规定，由代表公司执行公司事务的董事或者经理担任。"本条因此作相应调整。 　　二是将股东应当在公司章程上的"签名、签章"修改为"签名或者签章"，表意更为准确。股东可能是自然人，也可能是法人。如果是自然人，其应当在公司章程上签名；如果是法人，其应当在公司章程上盖章。
第四十七条　有限责任公司的注册资本为在公司登记机关登记的全体股东认缴的出资额。**全体股东认缴的出资额由股东按照公司章程的规定自公司成立之日起五年内缴足。** 　　法律、行政法规以及国务院决定对有限责任公司注册资本实缴、注册资本最低限额、**股东出资期限**另有规定的，从其规定。	**第二十六条**　有限责任公司的注册资本为在公司登记机关登记的全体股东认缴的出资额。 　　法律、行政法规以及国务院决定对有限责任公司注册资本实缴、注册资本最低限额另有规定的，从其规定。	本条是关于有限责任公司注册资本认缴的规定，由旧法第二十六条修改而来。 　　本条的变化是增加了股东认缴出资额必须在五年内缴足的规定，确定了认缴出资的最长认缴期。 　　规定认缴出资的最长认缴期，在一定程度上可以维持资本充实，防止"空壳公司"对债权人利益的损害。但是，法律强制规定认缴出资额的实缴期限并非治本之策，对公司自治也可能有一定影响。

2023 年《公司法》	2018 年《公司法》	释　义
第四十八条　股东可以用货币出资，也可以用实物、知识产权、土地使用权、**股权、债权**等可以用货币估价并可以依法转让的非货币财产作价出资；但是，法律、行政法规规定不得作为出资的财产除外。 　　对作为出资的非货币财产应当评估作价，核实财产，不得高估或者低估作价。法律、行政法规对评估作价有规定的，从其规定。	第二十七条　股东可以用货币出资，也可以用实物、知识产权、土地使用权等可以用货币估价并可以依法转让的非货币财产作价出资；但是，法律、行政法规规定不得作为出资的财产除外。 　　对作为出资的非货币财产应当评估作价，核实财产，不得高估或者低估作价。法律、行政法规对评估作价有规定的，从其规定。	本条是关于股东出资方式的规定，由旧法第二十七条修改而来。 　　本条修改之处是明确规定股权与债权可以作价出资。旧法并未明确禁止股权、债权等权利可以作价出资，这两类权利属于"可以用货币估价并可以依法转让的非货币财产"，且不属于"法律、行政法规规定不得作为出资的财产"，在认缴资本制下，股权、债权出资并不会弱化公司偿债能力和侵害债权人利益。《市场主体登记管理条例实施细则》第十三条第三款规定："依法以境内公司股权或者债权出资的，应当权属清楚、权能完整，依法可以评估、转让，符合公司章程规定。"实务中，股权出资、债权出资也已经非常普遍。因此，本次修法作了上述调整。 关联规定： **《公司法司法解释三》** 　　第十一条　出资人以其他公司股权出资，符合下列条件的，人民法院应当认定出资人已履行出资义务： 　　（一）出资的股权由出资人合法持有并依法可以转让； 　　（二）出资的股权无权

2023 年《公司法》	2018 年《公司法》	释　　义
		利瑕疵或者权利负担； 　　（三）出资人已履行关于股权转让的法定手续； 　　（四）出资的股权已依法进行了价值评估。 　　股权出资不符合前款第（一）、（二）、（三）项的规定，公司、其他股东或者公司债权人请求认定出资人未履行出资义务的，人民法院应当责令该出资人在指定的合理期间内采取补正措施，以符合上述条件；逾期未补正的，人民法院应当认定其未依法全面履行出资义务。 　　股权出资不符合本条第一款第（四）项的规定，公司、其他股东或者公司债权人请求认定出资人未履行出资义务的，人民法院应当按照本规定第九条的规定处理。
第四十九条　股东应当按期足额缴纳公司章程规定的各自所认缴的出资额。 　　股东以货币出资的，应当将货币出资足额存入有限责任公司在银行开设的账户；以非货币财产出资的，应当依法办理其财产权的转移手续。 　　股东未按期足额缴	**第二十八条**　股东应当按期足额缴纳公司章程中规定的各自所认缴的出资额。股东以货币出资的，应当将货币出资足额存入有限责任公司在银行开设的账户；以非货币财产出资的，应当依法办理其财产权的转移手续。 　　股东不按照前款规定缴纳出资的，除应当	本条是关于股东出资义务的规定，由旧法第二十八条修改而来。 　　本条的主要变化如下： 　　一是将旧法条第一款拆分成两款。 　　二是将"公司章程中规定"改为"公司章程规定"。 　　三是删除股东未为其足额缴纳出资而对其他已按期足额缴纳出资股东的违约责任。

2023 年《公司法》	2018 年《公司法》	释　　义
纳出资的，除应当向公司足额缴纳外，还应当**对给公司造成的损失承担赔偿责任。**	向公司足额缴纳外，还应当向已按期足额缴纳出资的股东承担违约责任。	如果公司对股东按期足额缴纳出资有预期商业安排，股东违反该出资义务，给公司带来经济损失的，理应由该股东承担赔偿责任。
第五十条　有限责任公司设立时，**股东未按照公司章程规定实际缴纳出资**，或者实际出资的非货币财产的实际价额显著低于所认缴的出资额的，设立时的其他股东与该股东在出资不足的范围内承担连带责任。	**第三十条**　有限责任公司成立后，发现作为设立公司出资的非货币财产的实际价额显著低于公司章程所定价额的，应当由交付该出资的股东补足其差额；公司设立时的其他股东承担连带责任。	本条是关于股东未按章程规定实际缴纳出资或者非货币出资不实的补足责任的规定，由旧法第三十条修改而来。 　　本条的主要变化如下： 　　一是将前提条件"有限责任公司成立后"修改为明确的阶段"有限责任公司设立时"，与后面"设立时的其他股东……承担连带责任"相一致。 　　二是增加"股东未按照公司章程规定实际缴纳出资"的，公司设立时的其他股东与该股东在出资不足的范围内承担连带责任的内容。 　　设立时的其他股东与本条所述违反出资义务的股东承担连带责任，意味着公司既可以请求违反义务的股东补足出资，也可以直接要求公司设立时的其他股东承担补足责任。当然，其他股东承担该责任后可以向责任股东追偿。

2023 年《公司法》	2018 年《公司法》	释　　义
第五十一条　有限责任公司成立后，董事会应当对股东的出资情况进行核查，发现股东未按期足额缴纳公司章程规定的出资的，应当由公司向该股东发出书面催缴书，催缴出资。 　　未及时履行前款规定的义务，给公司造成损失的，负有责任的董事应当承担赔偿责任。		本条为新增法条，是关于董事会催缴出资义务的规定。 　　债权人利益保护是本次修法的主要着眼点之一。规定公司董事会对未按期足额缴纳出资的股东负有催缴义务，是资本充实原则的体现。特别是规定了因为董事会未及时履行前款规定的义务，给公司造成损失的，负有责任的董事应当承担赔偿责任，使得该条规定具有了约束力与可诉性。
第五十二条　股东未按照公司章程规定的出资日期缴纳出资，公司依照前条第一款规定发出书面催缴书催缴出资的，可以载明缴纳出资的宽限期；宽限期自公司发出催缴书之日起，不得少于六十日。宽限期届满，股东仍未履行出资义务的，公司经董事会决议可以向该股东发出失权通知，通知应当以书面形式发出。自通知发出之日起，该股东丧失其未缴纳出资的股权。 　　依照前款规定丧失的股权应当依法转让，		本条是关于股东失权制度的规定，为本次修法新增内容。 　　通常情况下，股东权利的大小与其出资比例呈正相关关系。股东如果不根据公司章程的规定或者股东协议的约定按期足额出资，属于对公司和其他股东的双重违约行为，不应该享有约定出资额对应的股东权利，其实际权利应该与实际出资相匹配。因此，本次修法确立了股东失权制度。同时，为了保障违反出资义务股东的合法权益，还规定了自催缴通知起至少六十日的宽限期。 　　股东失权后，其失权部分必须作填充或者注销处理，以免注册资本与实缴资本出

2023 年《公司法》	2018 年《公司法》	释　义
或者相应减少注册资本并注销该股权；六个月内未转让或者注销的，由公司其他股东按照其出资比例足额缴纳相应出资。 　　股东对失权有异议的，应当自接到失权通知之日起三十日内，向人民法院提起诉讼。		现不一致的情况。填充的方式是转让该部分股权给他人，或者由其他股东认缴；注销则意味着必须减少注册资本，并进行相应的公司登记变更。 　　为了维护股东的合法权益，本条第三款赋予对失权有异议的股东寻求司法救济的权利。
第五十三条　公司成立后，股东不得抽逃出资。 　　违反前款规定的，股东应当返还抽逃的出资；给公司造成损失的，负有责任的董事、监事、高级管理人员应当与该股东承担连带赔偿责任。	第三十五条　公司成立后，股东不得抽逃出资。	本条是关于股东抽逃出资的禁止性规定，由旧法第三十五条修改而来。 　　禁止股东抽逃出资是资本维持原则的体现。公司成立后，股东出资就转化为公司财产，股东抽逃出资就是非法侵占其他主体的财产，应当承担相应的侵权法律责任。责任股东理应返还所侵占财产并赔偿损失，对此负有责任的董事、监事、高级管理人员应当承担连带赔偿责任。 关联规定： **《公司法司法解释三》** 　　**第十四条**　股东抽逃出资，公司或者其他股东请求其向公司返还出资本息、协助抽逃出资的其他股东、董事、高级管理人员或者实际控制人对此承担连带责任的，人民法院应予支持。

2023 年《公司法》	2018 年《公司法》	释　　义
		公司债权人请求抽逃出资的股东在抽逃出资本息范围内对公司债务不能清偿的部分承担补充赔偿责任、协助抽逃出资的其他股东、董事、高级管理人员或者实际控制人对此承担连带责任的，人民法院应予支持；抽逃出资的股东已经承担上述责任，其他债权人提出相同请求的，人民法院不予支持。
第五十四条　公司不能清偿到期债务的，公司或者已到期债权的债权人有权要求已认缴出资但未届出资期限的股东提前缴纳出资。		本条为新增条文，是关于认缴出资加速到期的规定。 　　在认缴资本制下，股东可以长期享有不实缴出资的期限利益，由此而产生的成本与风险可能转嫁给公司、公司员工、债权人，甚至转嫁给社会等利益相关者。因此，该期限利益的享有以不能侵害他人利益为前提。当公司不能清偿到期债务时，未届实缴期限的认缴出资理应成为公司偿债的责任财产。因此，本次修法确立了认缴出资加速到期制度。旧法并无相关规定。不过，《九民纪要》规定了特定情况下的出资加速到期。 关联规定： 《九民纪要》 　　6.【股东出资应否加速到期】在注册资本认缴制下，

2023年《公司法》	2018年《公司法》	释　义
		股东依法享有期限利益。债权人以公司不能清偿到期债务为由，请求未届出资期限的股东在未出资范围内对公司不能清偿的债务承担补充赔偿责任的，人民法院不予支持。但是，下列情形除外： 　　（1）公司作为被执行人的案件，人民法院穷尽执行措施无财产可供执行，已具备破产原因，但不申请破产的； 　　（2）在公司债务产生后，公司股东（大）会决议或以其他方式延长股东出资期限的。
第五十五条　有限责任公司成立后，应当向股东签发出资证明书，记载下列事项： 　　（一）公司名称； 　　（二）公司成立日期； 　　（三）公司注册资本； 　　（四）股东的姓名或者名称、**认缴和实缴的出资额、出资方式和出资日期**； 　　（五）出资证明书的编号和核发日期。 　　出资证明书**由法定代表人签名**，并由公司盖章。	**第三十一条**　有限责任公司成立后，应当向股东签发出资证明书。 　　出资证明书应当载明下列事项： 　　（一）公司名称； 　　（二）公司成立日期； 　　（三）公司注册资本； 　　（四）股东的姓名或者名称、缴纳的出资额和出资日期； 　　（五）出资证明书的编号和核发日期。 　　出资证明书由公司盖章。	本条是关于股东出资证明书的规定，由旧法第三十一条微调而来。 　　本条内容并无实质变化，只是在个别表述上更为精准、明确。 　　一是将"缴纳的出资额和出资日期"修改为"认缴和实缴的出资额、出资方式和出资日期"。 　　二是出资证明书除公司盖章外，还增加法定代表人签名的要求。

2023 年《公司法》	2018 年《公司法》	释　　义
第五十六条　有限责任公司应当置备股东名册，记载下列事项： 　　（一）股东的姓名或者名称及住所； 　　（二）股东**认缴和实缴的出资额、出资方式和出资日期**； 　　（三）出资证明书编号； 　　**（四）取得和丧失股东资格的日期。** 　　记载于股东名册的股东，可以依股东名册主张行使股东权利。	**第三十二条**　有限责任公司应当置备股东名册，记载下列事项： 　　（一）股东的姓名或者名称及住所； 　　（二）股东的出资额； 　　（三）出资证明书编号。 　　记载于股东名册的股东，可以依股东名册主张行使股东权利。 　　公司应当将股东的姓名或者名称向公司登记机关登记；登记事项发生变更的，应当办理变更登记。未经登记或者变更登记的，不得对抗第三人。	本条是关于有限责任公司股东名册的规定，由旧法第三十二条修改而来。 　　股东名册是股东主张权利的依据，股东资格的认定应当以股东名册的记载为准。 　　本条内容并无实质性改动，只是根据新法的变化作了相应调整。 　　一是将"股东的出资额"修改为"股东认缴和实缴的出资额、出资方式和出资日期"。 　　二是配合股东失权制度的确立，增加了"取得和丧失股东资格的日期"。 　　三是删除第三款股东变动应当办理变更登记的规定。因为新法第三十四条对公司登记事项发生变更作了统一规定。
第五十七条　股东有权查阅、复制公司章程、股东名册、股东会会议记录、董事会会议决议、监事会会议决议和财务会计报告。 　　**股东可以要求查阅公司会计账簿、会计凭证。股东要求查阅公司会计账簿、会计凭证的，应当向公司提出书面请求，说明目的。公**	**第三十三条**　股东有权查阅、复制公司章程、股东会会议记录、董事会会议决议、监事会会议决议和财务会计报告。 　　股东可以要求查阅公司会计账簿。股东要求查阅公司会计账簿的，应当向公司提出书面请求，说明目的。公司有合理根据认为股东	本条是关于股东知情权的规定，由旧法第三十三条修改而来。 　　本次修改主要针对股东的查账权，重点在于平衡中小股东的知情权和公司正常平稳运行。在这个过程中，可能涉及商业秘密，同时，如果股东频繁查账，也会影响公司的正常经营。因此，股东行使查账权有向公司提出书面请求，说明目的的前

2023 年《公司法》	2018 年《公司法》	释　　义
司有合理根据认为股东查阅会计账簿、会计凭证有不正当目的，可能损害公司合法利益的，可以拒绝提供查阅，并应当自股东提出书面请求之日起十五日内书面答复股东并说明理由。公司拒绝提供查阅的，股东可以向人民法院提起诉讼。 　　股东查阅前款规定的材料，可以委托会计师事务所、律师事务所等中介机构进行。 　　股东及其委托的会计师事务所、律师事务所等中介机构查阅、复制有关材料，应当遵守有关保护国家秘密、商业秘密、个人隐私、个人信息等法律、行政法规的规定。 　　股东要求查阅、复制公司全资子公司相关材料的，适用前四款的规定。	查阅会计账簿有不正当目的，可能损害公司合法利益的，可以拒绝提供查阅，并应当自股东提出书面请求之日起十五日内书面答复股东并说明理由。公司拒绝提供查阅的，股东可以请求人民法院要求公司提供查阅。	置程序。 　　股东可以查阅的事项增加了"会计凭证"。《会计法》第十五条规定："……会计帐簿包括总帐、明细帐、日记帐和其他辅助性帐簿。" 　　本次修法增加了股东的查阅权可以委托会计师事务所、律师事务所等中介机构行使的规定。主要是考虑到公司会计账簿等材料的专业性，吸收了《公司法司法解释四》第十条、第十一条的规定，同时取消了中介机构查账时要求股东必须在场的规定。 　　本条第五款增加了股东对公司全资子公司享有与母公司相同知情权的规定。公司的全资子公司的实际权益人与母公司股东重合，赋予母公司股东对全资子公司的知情权，更有利于股东权益的全面保护。

2023 年《公司法》	2018 年《公司法》	释　　义
第二节　组织机构	**第二节　组织机构**	
第五十八条　有限责任公司股东会由全体股东组成。股东会是公司的权力机构，依照本法行使职权。	**第三十六条**　有限责任公司股东会由全体股东组成。股东会是公司的权力机构，依照本法行使职权。	本条是关于股东会组成及其法律地位的规定，由旧法第三十六条平移而来。 股东是公司的基础，股东会因此是公司的最高权力机关，影响公司运行的重大问题、根本问题理应由全体股东参与的股东会决定。
第五十九条　股东会行使下列职权： 　（一）选举和更换董事、监事，决定有关董事、监事的报酬事项； 　（二）审议批准董事会的报告； 　（三）审议批准监事会的报告； 　（四）审议批准公司的利润分配方案和弥补亏损方案； 　（五）对公司增加或者减少注册资本作出决议； 　（六）对发行公司债券作出决议； 　（七）对公司合并、分立、解散、清算或者变更公司形式作出决议； 　（八）修改公司章程；	**第三十七条**　股东会行使下列职权： 　（一）决定公司的经营方针和投资计划； 　（二）选举和更换非由职工代表担任的董事、监事，决定有关董事、监事的报酬事项； 　（三）审议批准董事会的报告； 　（四）审议批准监事会或者监事的报告； 　（五）审议批准公司的年度财务预算方案、决算方案； 　（六）审议批准公司的利润分配方案和弥补亏损方案； 　（七）对公司增加或者减少注册资本作出决议； 　（八）对发行公司债券作出决议；	本条是关于股东会职权的规定，由旧法第三十七条修改而来。 本次修法进一步体现了"董事会中心主义"，扩大了董事会的职权范围，股东会职权可由公司根据需要授予董事会行使。在这一背景下，本条有如下变动： 一是删除旧法第一款第一项。 二是删除旧法第一款第五项。 三是增加"股东会可以授权董事会对发行公司债券作出决议"，作为本条第二款。 四是因新法第六十八条、第七十六条对职工董事、职工监事予以单独规定，故本条删除"由职工代表担任的董事、监事"的表述。

2023 年《公司法》	2018 年《公司法》	释　义
（九）公司章程规定的其他职权。 　　**股东会可以授权董事会对发行公司债券作出决议。** 　　对本条第一款所列事项股东以书面形式一致表示同意的，可以不召开股东会会议，直接作出决定，并由全体股东在决定文件上签名或者盖章。	（九）对公司合并、分立、解散、清算或者变更公司形式作出决议； 　　（十）修改公司章程； 　　（十一）公司章程规定的其他职权。 　　对前款所列事项股东以书面形式一致表示同意的，可以不召开股东会会议，直接作出决定，并由全体股东在决定文件上签名、盖章。	本条第三款延续旧法规定，对于全体股东一致同意的事项，可以完全体现全体股东意思，无需召开股东会，以书面形式作出决定，全体股东签名或者盖章即可。
第六十条　只有一个股东的有限责任公司不设股东会。股东作出前条第一款所列事项的决定时，应当采用书面形式，并由股东签名**或者盖章**后置备于公司。	**第六十一条　一人有限责任公司**不设股东会。股东作出本法第三十七条第一款所列决定时，应当采用书面形式，并由股东签名后置备于公司。	本条是关于一人公司股东决策程序的规定，由旧法第六十一条微调而来。 　　会议只能由两个以上的主体召开，只有一个股东的有限责任公司无法设置股东会。本次修改删除"一人有限责任公司"的专门规定，将其视为只有一个股东的普通有限责任公司。因此，将"一人有限责任公司"修改为"只有一个股东的有限责任公司"。 　　另外，考虑到股东有可能是法人，对于股东书面决议除"签名"外，增加"盖章"的情形。

2023 年《公司法》	2018 年《公司法》	释　义
第六十一条　首次股东会会议由出资最多的股东召集和主持，依照本法规定行使职权。	**第三十八条**　首次股东会会议由出资最多的股东召集和主持，依照本法规定行使职权。	本条是关于首次股东会会议召集和主持的规定，由旧法第三十八条平移至此。 　　首次股东会召开之前，公司的董事会与监事会等机构均未产生，会议的召集只能由股东召集，赋予出资最多的股东召集权顺理成章，也是作为营利法人的公司，在运行中实行资本多数决的一种体现方式。
第六十二条　股东会会议分为定期会议和临时会议。 　　定期会议应当**按照**公司章程的规定按时召开。代表十分之一以上表决权的股东、三分之一以上的董事或者监事会提议召开临时会议的，应当召开临时会议。	**第三十九条**　股东会会议分为定期会议和临时会议。 　　定期会议应当依照公司章程的规定按时召开。代表十分之一以上表决权的股东，三分之一以上的董事，监事会或者不设监事会的公司的监事提议召开临时会议的，应当召开临时会议。	本条是关于股东会议类型和召集程序的规定，由旧法第三十九条微调而来。 　　本条变化不大，只有以下两处微调： 　　一是将"定期会议应当依照公司章程的规定按时召开"中的"依照"改为"按照"，以符合全国人民代表大会常务委员会法制工作委员会关于立法技术规范的相关规定。 　　二是因为新法删除了股东人数较少或者规模较小的有限责任公司可以设监事的规定，因此本条删除了股东会会议召集主体中的"不设监事会的公司的监事"的规定。

2023 年《公司法》	2018 年《公司法》	释　义
第六十三条 股东会会议由董事会召集，董事长主持；董事长不能履行职务或者不履行职务的，由副董事长主持；副董事长不能履行职务或者不履行职务的，由**过半数**的董事共同推举一名董事主持。 董事会不能履行或者不履行召集股东会会议职责的，由监事会召集和主持；监事会不召集和主持的，代表十分之一以上表决权的股东可以自行召集和主持。	**第四十条** 有限责任公司设立董事会的，股东会会议由董事会召集，董事长主持；董事长不能履行职务或者不履行职务的，由副董事长主持；副董事长不能履行职务或者不履行职务的，由半数以上董事共同推举一名董事主持。 有限责任公司不设董事会的，股东会会议由执行董事召集和主持。 董事会或者执行董事不能履行或者不履行召集股东会会议职责的，由监事会或者不设监事会的公司的监事召集和主持；监事会或者监事不召集和主持的，代表十分之一以上表决权的股东可以自行召集和主持。	本条是关于股东会会议召集和组织的规定，由旧法第四十条微调而来。 本条的主要变化如下： 一是删除了第一款中的"有限责任公司设立董事会的"。 二是新法不再有执行董事的设置，因此删除旧法第二款关于执行董事召集和主持股东会会议的规定。第三款也作了相应调整。 三是将"半数以上董事"修改为"过半数的董事"。根据全国人民代表大会常务委员会法制工作委员会关于立法技术规范中的相关规定，规范年龄、期限、尺度、重量等数量关系，涉及以上、以下、以内、不满、超过的规定时，"以上、以下、以内"均含本数，"不满、超过"均不含本数。
第六十四条 召开股东会会议，应当于会议召开十五日前通知全体股东；但是，公司章程另有规定或者全体股东另有约定的除外。 股东会应当对所议事项的决定作成会议记录，出席会议的股东应当在会议记录上签名**或者盖章**。	**第四十一条** 召开股东会会议，应当于会议召开十五日前通知全体股东；但是，公司章程另有规定或者全体股东另有约定的除外。 股东会应当对所议事项的决定作成会议记录，出席会议的股东应当在会议记录上签名。	本条是关于股东会会议通知期限和会议记录的规定，由旧法第四十一条微调而来。

2023 年《公司法》	2018 年《公司法》	释　　义
第六十五条　股东会会议由股东按照出资比例行使表决权；但是，公司章程另有规定的除外。	**第四十二条**　股东会会议由股东按照出资比例行使表决权；但是，公司章程另有规定的除外。	本条是关于股东表决权的规定，由旧法第四十二条平移至此，未作任何修改。 　　在法理上，虽然传统公司是社团法人，但是资本是公司的根本，资本多数决是公司决策的原则。因此，股东会会议应当由股东按照出资比例行使表决权。 　　同时，公司决策程序属于其内部事项，应当归于公司自治范畴，因此，公司法承认公司可以通过章程对股东表决权进行规定。据此，公司章程可以作出股东表决权不按照出资比例行使的规定。
第六十六条　股东会的议事方式和表决程序，除本法有规定的外，由公司章程规定。 　　**股东会作出决议，应当经代表过半数表决权的股东通过。** 　　股东会作出修改公司章程、增加或者减少注册资本的决议，以及公司合并、分立、解散或者变更公司形式的决议，应当经代表三分之二以上表决权的股东通过。	**第四十三条**　股东会的议事方式和表决程序，除本法有规定的外，由公司章程规定。 　　股东会会议作出修改公司章程、增加或者减少注册资本的决议，以及公司合并、分立、解散或者变更公司形式的决议，必须经代表三分之二以上表决权的股东通过。	本条是关于股东会议事方式和表决程序的规定，由旧法第四十三条修改而来。 　　本条变化主要是增加了第二款。多数决是股东会会议作出决议的基本要求。股东会决议一般有两种类型：普通决议与特殊决议。普通决议是对公司经营管理中的一般事项、常见问题所作的决议；特殊决议是对公司经营管理中的重大事项、根本性问题所作的决议。前者符合一般多数原则，即过半数通过即可；后者符合绝对多数原则，即三分之二以上多

2023 年《公司法》	2018 年《公司法》	释　　义
		数通过才行。旧法规定了特殊决议的情形，并未明确普通决议的程序，本次修法增加了相关规定。
第六十七条　有限责任公司设董事会，本法第七十五条另有规定的除外。 董事会行使下列职权： （一）召集股东会会议，并向股东会报告工作； （二）执行股东会的决议； （三）决定公司的经营计划和投资方案； （四）制订公司的利润分配方案和弥补亏损方案； （五）制订公司增加或者减少注册资本以及发行公司债券的方案； （六）制订公司合并、分立、解散或者变更公司形式的方案； （七）决定公司内部管理机构的设置； （八）决定聘任或者解聘公司经理及其报酬事项，并根据经理的提名决定聘任或者解聘	**第四十六条**　董事会对股东会负责，行使下列职权： （一）召集股东会会议，并向股东会报告工作； （二）执行股东会的决议； （三）决定公司的经营计划和投资方案； （四）制订公司的年度财务预算方案、决算方案； （五）制订公司的利润分配方案和弥补亏损方案； （六）制订公司增加或者减少注册资本以及发行公司债券的方案； （七）制订公司合并、分立、解散或者变更公司形式的方案； （八）决定公司内部管理机构的设置； （九）决定聘任或者解聘公司经理及其报酬事项，并根据经理的提名决定聘任或者解聘	本条是关于董事会职权的规定，由旧法第四十六条修改而来。 　　本条的主要变化如下： 　　一是增加第一款"有限责任公司设董事会，本法第七十五条另有规定的除外"之规定。新法第七十五条规定："规模较小或者股东人数较少的有限责任公司，可以不设董事会，设一名董事，行使本法规定的董事会的职权。该董事可以兼任公司经理。" 　　二是删除"制定公司的年度财务预算方案、决算方案"之规定。 　　三是增加"股东会授予的其他职权"之规定。 　　四是增加"公司章程对董事会权力的限制不得对抗善意相对人"之规定，作为本条第三款。

2023 年《公司法》	2018 年《公司法》	释　　义
公司副经理、财务负责人及其报酬事项； （九）制定公司的基本管理制度； （十）公司章程规定或者股东会授予的其他职权。 **公司章程对董事会职权的限制不得对抗善意相对人。**	公司副经理、财务负责人及其报酬事项； （十）制定公司的基本管理制度； （十一）公司章程规定的其他职权。	
第六十八条　有限责任公司董事会成员为三人以上，其成员中可以有公司职工代表。**职工人数三百人以上的有限责任公司，除依法设监事会并有公司职工代表的外**，其董事会成员中应当有公司职工代表。董事会中的职工代表由公司职工通过职工代表大会、职工大会或者其他形式民主选举产生。 　　董事会设董事长一人，可以设副董事长。董事长、副董事长的产生办法由公司章程规定。	**第四十四条**　有限责任公司设董事会，其成员为三人至十三人；但是，本法第五十条另有规定的除外。 　　两个以上的国有企业或者两个以上的其他国有投资主体投资设立的有限责任公司，其董事会成员中应当有公司职工代表；其他有限责任公司董事会成员中可以有公司职工代表。董事会中的职工代表由公司职工通过职工代表大会、职工大会或者其他形式民主选举产生。 　　董事会设董事长一人，可以设副董事长。董事长、副董事长的产生办法由公司章程规定。	本条是关于公司董事会组成的规定，由旧法第四十四条修改而来。 　　本条的主要变化如下： 　　一是取消有限责任公司董事会人数的上限，由“三人至十三人”修改为“三人以上”。 　　二是删除对于董事会成员中应当有公司职工代表的公司要求，由“两个以上的国有企业或者两个以上的其他国有投资主体投资设立的有限责任公司”修改为“职工人数三百人以上的有限责任公司，除依法设监事会并有公司职工代表的外”。

2023 年《公司法》	2018 年《公司法》	释　　义
第六十九条　有限责任公司可以按照公司章程的规定在董事会中设置由董事组成的审计委员会，行使本法规定的监事会的职权，不设监事会或者监事。公司董事会成员中的职工代表可以成为审计委员会成员。		本条为本次修法新增内容，是关于有限责任公司审计委员会的规定。 　　由董事成员组成审计委员会，可以在一定程度上解决信息不对称的问题，同时，审计委员会一般应当由一定比例的具有财务专业知识的董事组成，对于公司经营管理的监督更为专业、精准。 　　不过，本条规定得过于原则，没有规定审计委员会具体的组成与决议方式等，可操作性较弱。 关联规定： 《上市公司治理准则》 　　第三十八条　上市公司董事会应当设立审计委员会，并可以根据需要设立战略、提名、薪酬与考核等相关专门委员会。专门委员会对董事会负责，依照公司章程和董事会授权履行职责，专门委员会的提案应当提交董事会审议决定。 　　专门委员会成员全部由董事组成，其中审计委员会、提名委员会、薪酬与考核委员会中独立董事应当占多数并担任召集人，审计委员会的召集人应当为会计专业人士。 　　第三十九条　审计委员

2023 年《公司法》	2018 年《公司法》	释　　义
		会的主要职责包括： （一）监督及评估外部审计工作，提议聘请或者更换外部审计机构； （二）监督及评估内部审计工作，负责内部审计与外部审计的协调； （三）审核公司的财务信息及其披露； （四）监督及评估公司的内部控制； （五）负责法律法规、公司章程和董事会授权的其他事项。
第七十条　董事任期由公司章程规定，但每届任期不得超过三年。董事任期届满，连选可以连任。 　　董事任期届满未及时改选，或者董事在任期内辞任导致董事会成员低于法定人数的，在改选出的董事就任前，原董事仍应当依照法律、行政法规和公司章程的规定，履行董事职务。 　　**董事辞任的，应当以书面形式通知公司，公司收到通知之日辞任生效，但存在前款规定情形的，董事应当继续履行职务。**	**第四十五条**　董事任期由公司章程规定，但每届任期不得超过三年。董事任期届满，连选可以连任。 　　董事任期届满未及时改选，或者董事在任期内辞职导致董事会成员低于法定人数的，在改选出的董事就任前，原董事仍应当依照法律、行政法规和公司章程的规定，履行董事职务。	本条是关于董事任期与辞任的规定，由旧法第四十五条修改而来。 　　本条的主要变化是新增董事辞任应当以书面形式及其生效时间的规定。

2023 年《公司法》	2018 年《公司法》	释　　义
第七十一条　股东会可以决议解任董事，决议作出之日解任生效。 　　无正当理由，在任期届满前解任董事的，该董事可以要求公司予以赔偿。		本条是关于董事职务无因解除的规定，为本次修法新增内容，是对《公司法司法解释五》第三条的部分吸收。 　　董事由股东会产生，对股东会负责，股东会自然有解任董事的权力。但是，如果任由股东会随意解除董事，则可能导致大股东滥用权利、影响公司正常的经营秩序等问题。因此，本条赋予被解任的董事损害赔偿请求权。 　　本条第二款的表述使用"赔偿"，意味着无正当理由解任董事，侵害了其预期利益，视为侵权行为。 　　旧法没有类似规定，本条由《公司法司法解释五》第三条规定演变而来。 关联规定： **《公司法司法解释五》** 　　**第三条**　董事任期届满前被股东会或者股东大会有效决议解除职务，其主张解除不发生法律效力的，人民法院不予支持。 　　董事职务被解除后，因补偿与公司发生纠纷提起诉讼的，人民法院应当依据法律、行政法规、公司章程的规定或者合同的约定，综合

2023 年《公司法》	2018 年《公司法》	释　　义
		考虑解除的原因、剩余任期、董事薪酬等因素，确定是否补偿以及补偿的合理数额。
第七十二条　董事会会议由董事长召集和主持；董事长不能履行职务或者不履行职务的，由副董事长召集和主持；副董事长不能履行职务或者不履行职务的，由**过半数的**董事共同推举一名董事召集和主持。	**第四十七条**　董事会会议由董事长召集和主持；董事长不能履行职务或者不履行职务的，由副董事长召集和主持；副董事长不能履行职务或者不履行职务的，由半数以上董事共同推举一名董事召集和主持。	本条是关于董事会会议召集和主持的规定，由旧法第四十七条微调而来。　本条的唯一变化是将"半数以上董事"修改为"过半数的董事"，以符合全国人民代表大会常务委员会法制工作委员会关于立法技术规范的相关规定。
第七十三条　董事会的议事方式和表决程序，除本法有规定的外，由公司章程规定。　**董事会会议应当有过半数的董事出席方可举行。董事会作出决议，应当经全体董事的过半数通过。**　董事会决议的表决，应当一人一票。　董事会应当对所议事项的决定作成会议记录，出席会议的董事应当在会议记录上签名。	**第四十八条**　董事会的议事方式和表决程序，除本法有规定的外，由公司章程规定。　董事会应当对所议事项的决定作成会议记录，出席会议的董事应当在会议记录上签名。　董事会决议的表决，实行一人一票。　**第一百一十一条**　董事会会议应有过半数的董事出席方可举行。董事会作出决议，必须经全体董事的过半数通过。　董事会决议的表决，实行一人一票。	本条是关于董事会议事方式与表决程序的规定。　本次修法吸收了旧法第四十八条与第一百一十一条相关内容，统一了有限责任公司与股份有限公司的适用规则，使得有限责任公司的董事会运作更为规范、合理。

2023 年《公司法》	2018 年《公司法》	释　　义
第七十四条　有限责任公司可以设经理，由董事会决定聘任或者解聘。 　　经理对董事会负责，**根据公司章程的规定或者董事会的授权行使职权。经理列席董事会会议。**	第四十九条　有限责任公司可以设经理，由董事会决定聘任或者解聘。经理对董事会负责，行使下列职权： 　　（一）主持公司的生产经营管理工作，组织实施董事会决议； 　　（二）组织实施公司年度经营计划和投资方案； 　　（三）拟订公司内部管理机构设置方案； 　　（四）拟订公司的基本管理制度； 　　（五）制定公司的具体规章； 　　（六）提请聘任或者解聘公司副经理、财务负责人； 　　（七）决定聘任或者解聘除应由董事会决定聘任或者解聘以外的负责管理人员； 　　（八）董事会授予的其他职权。 　　公司章程对经理职权另有规定的，从其规定。 　　经理列席董事会会议。	本条是关于有限责任公司经理的相关规定，由旧法第四十九条修改而来。 　　本条的主要变动是，不再列举经理的职权，仅在明确其由董事会产生并对董事会负责的基础上，由公司章程或者董事会授权其行使职权。与股东会、董事会、监事会等公司机关相比，经理的层级相对较低、作用相对较小，无需立法明确规定其职权，该事项属于公司自治的范畴。

2023 年《公司法》	2018 年《公司法》	释　　义
第七十五条　规模较小或者股东人数较少的有限责任公司，**可以不设董事会，设一名董事，行使本法规定的董事会的职权**。该董事可以兼任公司经理。	第五十条　股东人数较少或者规模较小的有限责任公司，可以设一名执行董事，不设董事会。执行董事可以兼任公司经理。 　　执行董事的职权由公司章程规定。	本条是关于有限责任公司不设董事会的规定，由旧法修改而来。 　　实践中，绝大多数有限责任公司股东人数较少，投资规模不大，专门设置董事会没有太大意义。本次修法删除旧法中执行董事的设置，不设董事会的唯一董事当然可以行使相当于董事会的职权，强调其为执行董事没有必要。
第七十六条　有限责任公司设监事会，**本法第六十九条、第八十三条另有规定的除外**。 　　监事会成员为三人以上。监事会**成员**应当包括股东代表和适当比例的公司职工代表，其中职工代表的比例不得低于三分之一，具体比例由公司章程规定。监事会中的职工代表由公司职工通过职工代表大会、职工大会或者其他形式民主选举产生。 　　监事会设主席一人，由全体监事过半数选举产生。监事会主席召集和主持监事会会议；监事会主席不能履行职务或者不履行职务	第五十一条　有限责任公司设监事会，其成员不得少于三人。股东人数较少或者规模较小的有限责任公司，可以设一至二名监事，不设监事会。 　　监事会应当包括股东代表和适当比例的公司职工代表，其中职工代表的比例不得低于三分之一，具体比例由公司章程规定。监事会中的职工代表由公司职工通过职工代表大会、职工大会或者其他形式民主选举产生。 　　监事会设主席一人，由全体监事过半数选举产生。监事会主席召集和主持监事会会议；	本条是关于监事会组成与运作的规定，由旧法第五十一条修改而来。 　　旧法第一款规定的不设监事会的情况，移至新法第八十三条。本次修法在董事会增设审计委员会，这类公司无需设置监事会和监事。其他内容无变化。

2023 年《公司法》	2018 年《公司法》	释 义
的，由过半数的监事共同推举一名监事召集和主持监事会会议。 董事、高级管理人员不得兼任监事。	监事会主席不能履行职务或者不履行职务的，由半数以上监事共同推举一名监事召集和主持监事会会议。 董事、高级管理人员不得兼任监事。	
第七十七条 监事的任期每届为三年。监事任期届满，连选可以连任。 监事任期届满未及时改选，或者监事在任期内**辞任**导致监事会成员低于法定人数的，在改选出的监事就任前，原监事仍应当依照法律、行政法规和公司章程的规定，履行监事职务。	**第五十二条** 监事的任期每届为三年。监事任期届满，连选可以连任。 监事任期届满未及时改选，或者监事在任期内辞职导致监事会成员低于法定人数的，在改选出的监事就任前，原监事仍应当依照法律、行政法规和公司章程的规定，履行监事职务。	本条是关于监事任职期限的规定，由旧法第五十二条微调而来。 本条主要内容并无变化，只是将监事辞职的表述调整为"辞任"。辞职与辞任在含义上略有差别，辞职的公法意味略重。
第七十八条 监事会行使下列职权： （一）检查公司财务； （二）对董事、高级管理人员执行职务的行为进行监督，对违反法律、行政法规、公司章程或者股东会决议的董事、高级管理人员提出**解任**的建议； （三）当董事、高	**第五十三条** 监事会、不设监事会的公司的监事行使下列职权： （一）检查公司财务； （二）对董事、高级管理人员执行公司职务的行为进行监督，对违反法律、行政法规、公司章程或者股东会决议的董事、高级管理人员提出罢免的建议；	本条是关于监事会职权的规定，由旧法第五十三条微调而来。 本条的变化有二： 一是将权利主体由监事会和不设监事会的公司的监事调整为监事会。 二是将"对违反法律、行政法规、公司章程或者股东会决议的董事、高级管理人员提出罢免的建议"的"罢免"修改为"解任"。

2023 年《公司法》	2018 年《公司法》	释　　义
级管理人员的行为损害公司的利益时，要求董事、高级管理人员予以纠正； （四）提议召开临时股东会会议，在董事会不履行本法规定的召集和主持股东会会议职责时召集和主持股东会会议； （五）向股东会会议提出提案； （六）依照本法第一百八十九条的规定，对董事、高级管理人员提起诉讼； （七）公司章程规定的其他职权。	（三）当董事、高级管理人员的行为损害公司的利益时，要求董事、高级管理人员予以纠正； （四）提议召开临时股东会会议，在董事会不履行本法规定的召集和主持股东会会议职责时召集和主持股东会会议； （五）向股东会会议提出提案； （六）依照本法第一百五十一条的规定，对董事、高级管理人员提起诉讼； （七）公司章程规定的其他职权。	罢免一般是指立法机关对于任期未满的违法失职人员用投票方式免去其行政职务。如《宪法》第六十三条规定："全国人民代表大会有权罢免下列人员：（一）中华人民共和国主席、副主席；（二）国务院总理、副总理、国务委员、各部部长、各委员会主任、审计长、秘书长；（三）中央军事委员会主席和中央军事委员会其他组成人员；（四）国家监察委员会主任；（五）最高人民法院院长；（六）最高人民检察院检察长。"
第七十九条　监事可以列席董事会会议，并对董事会决议事项提出质询或者建议。 　监事会发现公司经营情况异常，可以进行调查；必要时，可以聘请会计师事务所等协助其工作，费用由公司承担。	**第五十四条**　监事可以列席董事会会议，并对董事会决议事项提出质询或者建议。 　监事会、不设监事会的公司的监事发现公司经营情况异常，可以进行调查；必要时，可以聘请会计师事务所等协助其工作，费用由公司承担。	本条是关于监事职权的规定，由旧法第五十四条微调而来。

2023 年《公司法》	2018 年《公司法》	释　　义
第八十条　监事会可以要求董事、高级管理人员提交执行职务的报告。 董事、高级管理人员应当如实向监事会提供有关情况和资料，不得妨碍监事会或者监事行使职权。	**第一百五十条第二款**　董事、高级管理人员应当如实向监事会或者不设监事会的有限责任公司的监事提供有关情况和资料，不得妨碍监事会或者监事行使职权。	本条是关于监事会可以直接监督董事、高级管理人员的规定，由旧法第一百五十二条第二款修改而来。 本条第一款内容为新增内容，赋予监事会对董事、高级管理人员个人的质询权。 本条第二款规定的是董事、高级管理人员应当按照监事会要求履行报告义务。
第八十一条　监事会每年度至少召开一次会议，监事可以提议召开临时监事会会议。 监事会的议事方式和表决程序，除本法有规定的外，由公司章程规定。 监事会决议应当经**全体监事的过半数**通过。 **监事会决议的表决，应当一人一票。** 监事会应当对所议事项的决定作成会议记录，出席会议的监事应当在会议记录上签名。	**第五十五条**　监事会每年度至少召开一次会议，监事可以提议召开临时监事会会议。 监事会的议事方式和表决程序，除本法有规定的外，由公司章程规定。 监事会决议应当经半数以上监事通过。 监事会应当对所议事项的决定作成会议记录，出席会议的监事应当在会议记录上签名。	本条是关于监事会会议制度的规定，由旧法第五十五条微调而来。 本条的变化有二： 一是将监事会决议应当经"半数以上监事通过"，修改为"全体监事的过半数通过"。明确是"全体监事"，而非出席会议的监事；"半数以上"改为"过半数"则是为了符合立法技术规范。 二是明确监事会决议的表决，应当一人一票。
第八十二条　监事会行使职权所必需的费用，由公司承担。	**第五十六条**　监事会、不设监事会的公司的监事行使职权所必需的费用，由公司承担。	本条是关于监事会履职费用承担的规定，由旧法第五十六条微调而来。

2023 年《公司法》	2018 年《公司法》	释　　义
第八十三条　规模较小或者股东人数较少的有限责任公司，可以不设监事会，设一名监事，**行使本法规定的监事会的职权；经全体股东一致同意，也可以不设监事。**	**第五十一条第一款**　有限责任公司设监事会，其成员不得少于三人。股东人数较少或者规模较小的有限责任公司，可以设一至二名监事，不设监事会。	本条是关于不设监事会或监事的规定，由旧法第五十一条第一款修改而来。 　　对于规模较小或者股东人数较少的公司，设置监事会或者监事将增加公司管理成本、降低公司经营效率。本次修法充分贯彻公司自治原则，对于这类公司是否设置监事，由公司自行决定。

2023 年《公司法》	2018 年《公司法》	释 义
第四章 有限责任公司的股权转让	**第三章 有限责任公司的股权转让**	
第八十四条 有限责任公司的股东之间可以相互转让其全部或者部分股权。 　　股东向股东以外的人转让股权的，**应当将股权转让的数量、价格、支付方式和期限等事项书面通知其他股东**，其他股东在同等条件下有优先购买权。**股东自接到书面通知之日起三十日内未答复的，视为放弃优先购买权。**两个以上股东行使优先购买权的，协商确定各自的购买比例；协商不成的，按照转让时各自的出资比例行使优先购买权。 　　公司章程对股权转让另有规定的，从其规定。	**第七十一条** 有限责任公司的股东之间可以相互转让其全部或者部分股权。 　　股东向股东以外的人转让股权，应当经其他股东过半数同意。股东应就其股权转让事项书面通知其他股东征求同意，其他股东自接到书面通知之日起满三十日未答复的，视为同意转让。其他股东半数以上不同意转让的，不同意的股东应当购买该转让的股权；不购买的，视为同意转让。 　　经股东同意转让的股权，在同等条件下，其他股东有优先购买权。两个以上股东主张行使优先购买权的，协商确定各自的购买比例；协商不成的，按照转让时各自的出资比例行使优先购买权。 　　公司章程对股权转让另有规定的，从其规定。	本条是关于有限责任公司股东股权转让规则的规定，由旧法第七十一条修改而来。 　　股权转让从根本上说属于公司自治范畴问题，因此本条第三款沿用旧法第四款规定，公司可以通过章程对此类问题自行规定。 　　本条第一款规定的是股东之间股权转让问题。基于有限责任公司的人合性，股东之间原则上可以任意转让股权。 　　本条第二款规定的是股东优先购买权问题。旧法第二款、第三款将股东向股东以外转让股权和股东优先购买权分别规定，在表述上前后矛盾，容易产生歧义，在商事实践中也容易引发纠纷。其主要存在两个方面的问题： 　　一方面，将优先购买权的行使分为两个阶段，先是要同意股东向股东以外的人转让股权，在这个基础上再主张优先购买权，逻辑混乱。 　　另一方面，旧法并未要求转让股东在通知其他股东时将转让条件列明，其他股东主张优先购买权缺乏基础。

2023 年《公司法》	2018 年《公司法》	释　义
		本次修法在充分吸收《公司法司法解释四》相关规定的基础上，很好地解决了上述问题。 　　一是将转让通知和优先购买权合并为一个程序。将"其他股东自接到书面通知之日起满三十日未答复的，视为同意转让"修改为"股东自接到书面通知之日起三十日内未答复的，视为放弃优先购买权"。 　　二是明确规定"股东向股东以外的人转让股权的，应当将股权转让的数量、价格、支付方式和期限等事项书面通知其他股东"，其他股东如果行使优先购买权，无需再就转让条件与转让股东沟通，其形成权属性得以落实。
第八十五条　人民法院依照法律规定的强制执行程序转让股东的股权时，应当通知公司及全体股东，其他股东在同等条件下有优先购买权。其他股东自人民法院通知之日起满二十日不行使优先购买权的，视为放弃优先购买权。	**第七十二条**　人民法院依照法律规定的强制执行程序转让股东的股权时，应当通知公司及全体股东，其他股东在同等条件下有优先购买权。其他股东自人民法院通知之日起满二十日不行使优先购买权的，视为放弃优先购买权。	本条是关于强制执行程序中股东优先购买权的规定，由旧法第七十二条平移至此。 　　从维持有限责任公司人合性的角度，强制执行公司股权分为两种情况： 　　一是受让人同时是标的公司股东的，其他股东则无优先购买权。 　　二是受让人为股东以外的人，其他股东对执行标的有优先购买权。

2023 年《公司法》	2018 年《公司法》	释　义
第八十六条　股东转让股权的，应当书面通知公司，请求变更股东名册；需要办理变更登记的，并请求公司向公司登记机关办理变更登记。公司拒绝或者在合理期限内不予答复的，转让人、受让人可以依法向人民法院提起诉讼。 　　股权转让的，受让人自记载于股东名册时起可以向公司主张行使股东权利。		本条为本次修法新增内容，是关于公司配合股东变更登记以及受让股东权利起始的规定。 　　本条设定了以公司配合股东转让股权进行相关变更登记的义务，以免出现公司拒绝或者怠于履行变更登记义务，导致实际股权与登记股权不符，扰乱经济秩序、侵害善意相对人利益的情况发生。根据本法第三十五条的规定，公司申请变更登记，应当向公司登记机关提交公司法定代表人签署的变更登记申请书、依法作出的变更决议或者决定等文件。这些手续必须由公司办理，转让股东或受让人无法自行办理。符合法定程序的股权转让，公司理应配合相关当事人办理变更登记。 　　本条第二款规定受让人享有股东权利的起始点为其被股东名册记载之时，符合本法第五十六条第二款的规定："记载于股东名册的股东，可以依股东名册主张行使股东权利。"

2023 年《公司法》	2018 年《公司法》	释　　义
第八十七条　依照本法转让股权后，公司应当及时注销原股东的出资证明书，向新股东签发出资证明书，并相应修改公司章程和股东名册中有关股东及其出资额的记载。对公司章程的该项修改不需再由股东会表决。	第七十三条　依照本法第七十一条、第七十二条转让股权后，公司应当注销原股东的出资证明书，向新股东签发出资证明书，并相应修改公司章程和股东名册中有关股东及其出资额的记载。对公司章程的该项修改不需再由股东会表决。	本条是关于股权转让后，公司应当办理公司内部变更手续的规定，由旧法第七十三条微调而来。
第八十八条　股东转让已认缴出资但未届出资期限的股权的，由受让人承担缴纳该出资的义务；受让人未按期足额缴纳出资的，转让人对受让人未按期缴纳的出资承担补充责任。 　　未按期公司章程规定的出资日期缴纳出资或者作为出资的非货币财产的实际价额显著低于所认缴的出资额的股东转让股权的，转让人与受让人在出资不足的范围内承担连带责任；受让人不知道且不应当知道存在上述情形的，由转让人承担责任。		本条为新增内容，规定的是未实缴出资与瑕疵出资股权转让的责任承担问题。 　　第一款规定的是转让未届出资期限的股权的责任承担问题。股东已认缴出资但未届出资期限即转让股权的，根据常理，受让人对此应当知情且已经因此就股权交易条件与转让股东进行过磋商，由其承担缴纳出资义务，同时，确定转让人对受让人履行该义务承担补充责任，更有利于公司利益与相对人利益的保护。 　　第二款规定的是股东转让未出资和瑕疵出资股权的，转让人与受让人应当承担连带责任。如果受让人对此不知情的，由转让人承担相应责任。

2023 年《公司法》	2018 年《公司法》	释　　义
第八十九条　有下列情形之一的，对股东会该项决议投反对票的股东可以请求公司按照合理的价格收购其股权： 　　（一）公司连续五年不向股东分配利润，而公司该五年连续盈利，并且符合本法规定的分配利润条件； 　　（二）公司合并、分立、转让主要财产； 　　（三）公司章程规定的营业期限届满或者章程规定的其他解散事由出现，股东会通过决议修改章程使公司存续。 　　自股东会决议作出之日起六十日内，股东与公司不能达成股权收购协议的，股东可以自股东会决议作出之日起九十日内向人民法院提起诉讼。 　　公司的控股股东滥用股东权利，严重损害公司或者其他股东利益的，其他股东有权请求公司按照合理的价格收购其股权。 　　公司因本条第一款、	第七十四条　有下列情形之一的，对股东会该项决议投反对票的股东可以请求公司按照合理的价格收购其股权： 　　（一）公司连续五年不向股东分配利润，而公司该五年连续盈利，并且符合本法规定的分配利润条件的； 　　（二）公司合并、分立、转让主要财产的； 　　（三）公司章程规定的营业期限届满或者章程规定的其他解散事由出现，股东会会议通过决议修改章程使公司存续的。 　　自股东会会议决议通过之日起六十日内，股东与公司不能达成股权收购协议的，股东可以自股东会会议决议通过之日起九十日内向人民法院提起诉讼。	本条是关于有限责任公司股东股权收购请求权的规定，由旧法第七十四条修改而来。 　　第一款为异议股东回购请求权的规定，与旧法相比，只是在表述上有个别微调，实质内容并无变化。有限责任公司具有较强的人合性特点，当股东之间对重大事项存在分歧时，赋予其退出公司的权利，有利于维护其合法权益以及公司的人合性。当该请求权不能正常实现时，权利人可以提请人民法院裁决。 　　第三款是控股股东侵害公司或者其他股东合法权益，其他股东享有回购请求权的规定，为本次修法的新增内容。实践中，控股股东滥用权利压制中小股东情况并不鲜见，赋予受侵害股东退出公司的权利，是中小股东维护自己合法权利的重要救济手段之一。 　　第四款为前两种回购请求权实现后，公司办理相关手续的附随义务。

2023 年《公司法》	2018 年《公司法》	释　　义
第三款规定的情形收购的本公司股权，应当在六个月内依法转让或者注销。		
第九十条　自然人股东死亡后，其合法继承人可以继承股东资格；但是，公司章程另有规定的除外。	第七十五条　自然人股东死亡后，其合法继承人可以继承股东资格；但是，公司章程另有规定的除外。	本条是关于股东资格继承的规定，由旧法第七十五条平移至此。 　　一般而言，股权作为一种财产性权利，原则上可以被合法继承。同时，从有限责任公司人合性与公司自治的角度出发，股权是否可以被继承可以由公司章程作出特殊规定。 关联规定： **《民法典》** 　　**第一百二十四条**　自然人依法享有继承权。 　　自然人合法的私有财产，可以依法继承。 　　**第一百二十五条**　民事主体依法享有股权和其他投资性权利。

2023 年《公司法》	2018 年《公司法》	释　义
第五章　股份有限公司的设立和组织机构	第四章　股份有限公司的设立和组织机构	
第一节　设　立	第一节　设　立	
第九十一条　设立**股份有限公司**，可以采取发起设立或者募集设立的方式。 　　发起设立，是指由发起人认购**设立公司时**应发行的全部股份而设立公司。 　　募集设立，是指由发起人认购**设立公司时**应发行股份的一部分，其余股份向特定对象募集或者向社会公开募集而设立公司。	第七十七条　股份有限公司的设立，可以采取发起设立或者募集设立的方式。 　　发起设立，是指由发起人认购公司应发行的全部股份而设立公司。 　　募集设立，是指由发起人认购公司应发行股份的一部分，其余股份向社会公开募集或者向特定对象募集而设立公司。	本条规定的是股份有限公司的设立方式，由旧法第七十七条微调而来。 　　第一款中"股份有限公司的设立"改为"设立股份有限公司"，只是语态上的变化，含义并无差别。 　　第二款、第三款的变化，无论是发起设立，还是募集设立，强调的均是"设立公司时"。
第九十二条　设立股份有限公司，应当有**一人以上二百人以下**为发起人，其中应当有半数以上的发起人在**中华人民共和国**境内有住所。	第七十八条　设立股份有限公司，应当有二人以上二百人以下为发起人，其中须有半数以上的发起人在中国境内有住所。	本条是对股份公司设立发起人的要求，由旧法第七十八条修改而来。 　　本条的变化主要是允许股份有限公司的发起人为一人，也就是说，《公司法》承认了一人股份有限公司的存在。 　　与一人有限责任公司相比，一人股份有限公司的意义在于，公司的后续发展可以向社会募集股份，甚至成为上市公司。 　　另一细微变化是将发起

2023 年《公司法》	2018 年《公司法》	释　　义
		人在"中国"境内有住所改为在"中华人民共和国"境内。
第九十三条　股份有限公司发起人承担公司筹办事务。 　发起人应当签订发起人协议，明确各自在公司设立过程中的权利和义务。	**第七十九条**　股份有限公司发起人承担公司筹办事务。 　发起人应当签订发起人协议，明确各自在公司设立过程中的权利和义务。	本条是关于股份有限公司设立中发起人义务的规定，由旧法第七十九条平移至此。 　在股份有限公司设立阶段，发起人负责公司筹办事务，既是其权利，也是其义务。发起人之间通过协议的方式明确各自在公司设立过程中的权利与义务，与本法第四十三条关于有限责任公司的规定，在法理上是相同的。
第九十四条　设立股份有限公司，应当由发起人共同制订公司章程。	**第七十六条**　设立股份有限公司，应当具备下列条件： 　（一）发起人符合法定人数； 　（二）有符合公司章程规定的全体发起人认购的股本总额或者募集的实收股本总额； 　（三）股份发行、筹办事项符合法律规定； 　（四）发起人制订公司章程，采用募集方式设立的经创立大会通过； 　（五）有公司名称，建立符合股份有限公司要求的组织机构； 　（六）有公司住所。	本条是关于股份公司章程制订主体的规定，由旧法第七十六条第五项修改而来。 　公司章程作为约束公司、股东、董事、监事、高级管理人员的根本性文件，理应在公司设立时由全体发起人共同制订。对于有限责任公司也是如此，本法第四十五条规定："设立有限责任公司，应当由股东共同制定公司章程。"

2023 年《公司法》	2018 年《公司法》	释　义
第九十五条　股份有限公司章程应当载明下列事项： 　　（一）公司名称和住所； 　　（二）公司经营范围； 　　（三）公司设立方式； 　　（四）公司注册资本、**已发行的股份数和设立时发行的股份数，面额股的每股金额**； 　　（五）**发行类别股的，每一类别股的股份数及其权利和义务**； 　　（六）发起人的姓名或者名称、认购的股份数、出资方式； 　　（七）董事会的组成、职权和议事规则； 　　（八）公司法定代表人**的产生、变更办法**； 　　（九）监事会的组成、职权和议事规则； 　　（十）公司利润分配办法； 　　（十一）公司的解散事由与清算办法； 　　（十二）公司的通知和公告办法； 　　（十三）股东会认为需要规定的其他事项。	**第八十一条**　股份有限公司章程应当载明下列事项： 　　（一）公司名称和住所； 　　（二）公司经营范围； 　　（三）公司设立方式； 　　（四）公司股份总数、每股金额和注册资本； 　　（五）发起人的姓名或者名称、认购的股份数、出资方式和**出资时间**； 　　（六）董事会的组成、职权和议事规则； 　　（七）公司法定代表人； 　　（八）监事会的组成、职权和议事规则； 　　（九）公司利润分配办法； 　　（十）公司的解散事由与清算办法； 　　（十一）公司的通知和公告办法； 　　（十二）股东大会会议认为需要规定的其他事项。	本条是关于股份有限公司章程法定记载事项的规定，由旧法第八十一条修改而来。 　　本条的变动如下： 　　一是第四项增加"已发行的股份数和设立时发行的股份数，面额股的每股金额"，以适应股份公司募集设立方式以及本法第一百四十二条发行面额股的要求。 　　二是增加第五项"发行类别股的，每一类别股的股份数及其权利和义务"。本法第一百四十四条规定，公司可以按照公司章程的规定发行与普通股权利不同的类别股。类别股的股份数及持有类别股股东的权利与义务均应当在公司章程中明确规定，以维护持股股东的权益、保护善意相对人的信赖利益。 　　三是第八项将旧法的"法定代表人"修改为"法定代表人的产生、变更办法"，以适应新法的相关规定。

2023 年《公司法》	2018 年《公司法》	释　　义
第九十六条　股份有限公司的注册资本为**在公司登记机关登记的已发行股份的股本总额**。在发起人认购的股份缴足前，不得向他人募集股份。 　　法律、行政法规以及国务院决定对股份有限公司注册资本最低限额另有规定的，从其规定。	**第八十条**　股份有限公司采取发起设立方式设立的，注册资本为在公司登记机关登记的全体发起人认购的股本总额。在发起人认购的股份缴足前，不得向他人募集股份。 　　股份有限公司采取募集方式设立的，注册资本为在公司登记机关登记的实收股本总额。 　　法律、行政法规以及国务院决定对股份有限公司注册资本实缴、注册资本最低限额另有规定的，从其规定。	本条是关于股份有限公司注册资本的规定，由旧法第八十条修改而来。 　　本次修法将股份有限公司的注册资本明确为其发行股本，改变了旧法中"认购股份"的表达。因此，在本条中不再区分发起设立和募集设立。
第九十七条　以发起设立方式设立股份有限公司的，发起人应当认足公司章程规定**的公司设立时应发行的股份**。 　　以募集设立方式设立股份有限公司的，发起人认购的股份不得少于**公司章程规定的公司设立时应发行股份总数**的百分之三十五；但是，法律、行政法规另有规定的，从其规定。	**第八十三条**　以发起设立方式设立股份有限公司的，发起人应当书面认足公司章程规定其认购的股份，并按照公司章程规定缴纳出资。以非货币财产出资的，应当依法办理其财产权的转移手续。 　　发起人不依照前款规定缴纳出资的，应当按照发起人协议承担违约责任。 　　发起人认足公司章程规定的出资后，应当选举董事会和监事会，	本条是对股份有限公司发起人认购股份的要求，由旧法第八十三条、第八十四条合并、修改而来。 　　本条的主要变化有： 　　一是将分两个法条规定的发起设立和募集设立的发起人认购股份的要求，合并到一个法条之中。 　　二是本法第九十八条规定了股份有限公司发起人的出资适用有限责任公司的相关规定，因此，删减了旧法第八十三条第一款发起设立的相关规定。 　　三是本法第九十九条规

2023 年《公司法》	2018 年《公司法》	释　　义
	由董事会向公司登记机关报送公司章程以及法律、行政法规规定的其他文件，申请设立登记。 　　**第八十四条**　以募集设立方式设立股份有限公司的，发起人认购的股份不得少于公司股份总数的百分之三十五；但是，法律、行政法规另有规定的，从其规定。	定了发起人违反出资义务的法律责任，因此，删除了旧法第八十三条第二款。 　　四是合并了发起设立和募集设立，公司董事会在成立大会产生，董事会申请公司登记另行规定，故删除旧法第八十三条第三款。 　　五是公司募集设立的，明确发起人认购股份的基数为公司章程规定的公司设立时的应发行的股份总数。
第九十八条　发起人应当在公司成立前按照其认购的股份全额缴纳股款。 　　发起人的出资，适用本法第四十八条、第四十九条第二款关于有限责任公司股东出资的规定。	**第八十三条第一款**　以发起设立方式设立股份有限公司的，发起人应当书面认足公司章程规定其认购的股份，并按照公司章程规定缴纳出资。以非货币财产出资的，应当依法办理其财产权的转移手续。 　　**第八十二条**　发起人的出资方式，适用本法第二十七条的规定。	本条是关于发起人出资义务的规定，为新增内容，由旧法第八十三条第一款、第八十二条修改而来。 　　本条第一款强调发起人应该全额缴纳股款，是股份有限公司资本实缴的要求。因此，可以认为，享有期限利益认缴资本制仅限于有限责任公司。 　　本条第二款表明，法律对股份有限公司发起人出资方式的要求，与有限责任公司股东的出资方式相同。
第九十九条　发起人不按照其认购的股份缴纳股款，或者作为出资的非货币财产的实际价额显著低于所认购的股份的，其他发起人与	**第八十三条第一款、第二款**　以发起设立方式设立股份有限公司的，发起人应当书面认足公司章程规定其认购的股份，并按照公司	本条规定的是其他发起人与违反出资义务的发起人承担连带责任的规定，由旧法第八十三条第一款、第二款修改而来。 　　根据本法第九十三条的

2023 年《公司法》	2018 年《公司法》	释　　义
该发起人在出资不足的范围内承担连带责任。	章程规定缴纳出资。以非货币财产出资的，应当依法办理其财产权的转移手续。 　　发起人不依照前款规定缴纳出资的，应当按照发起人协议承担违约责任。	规定，股份公司全体发起人共同承担公司筹办事务，他们通过签订发起人协议的方式明确各自的权利和义务，形成合同法律关系。出资多少、方式一定是发起人协议的主要内容，发起人违反该义务应当承担相应的补缴、赔偿责任，其他发起人承担连带责任，能够督促发起人相互监督。
第一百条　发起人向社会公开募集股份，**应当**公告招股说明书，并制作认股书。认股书应当载明本法第一百五十四条第二款、第三款所列事项，由认股人填写认购的**股份数**、金额、住所，并签名或者盖章。认股人应当按照所认购股份足额缴纳股款。	第八十五条　发起人向社会公开募集股份，必须公告招股说明书，并制作认股书。认股书应当载明本法第八十六条所列事项，由认股人填写认购股数、金额、住所，并签名、盖章。认股人按照所认购股数缴纳股款。	本条是募集股份公告招股说明书和认股书内容的规定，由旧法第八十五条微调而来。 　　本次修法将"必须"改为"应当"、"股数"改为"股份数"，其他内容并无实质变化。
第一百零一条　向社会公开募集股份的股款缴足后，应当经依法设立的验资机构验资并出具证明。	第八十九条　发行股份的股款缴足后，必须经依法设立的验资机构验资并出具证明。发起人应当自股款缴足之日起三十日内主持召开公司创立大会。创立大会由发起人、认股人组成。	本条是对股款验资的要求，由旧法第八十九条修改而来。 　　本次修法强调需要验资的股款为"向社会公开募集股份"，发起人之间有发起人协议和法定责任约束，无需验资证明。

2023 年《公司法》	2018 年《公司法》	释　　义
	发行的股份超过招股说明书规定的截止期限尚未募足的，或者发行股份的股款缴足后，发起人在三十日内未召开创立大会的，认股人可以按照所缴股款并加算银行同期存款利息，要求发起人返还。	
第一百零二条　股份有限公司应当制作股东名册并置备于公司。股东名册应当记载下列事项： （一）股东的姓名或者名称及住所； （二）各股东所**认购的股份种类及**股份数； （三）**发行纸面形式的股票的**，股票的编号； （四）各股东取得股份的日期。	**第一百三十条**　公司发行记名股票的，应当置备股东名册，记载下列事项： （一）股东的姓名或者名称及住所； （二）各股东所持股份数； （三）各股东所持股票的编号； （四）各股东取得股份的日期。 发行无记名股票的，公司应当记载其股票数量、编号及发行日期。	本条是关于股份公司股东名册置备与内容的规定，由旧法第一百三十条修改而来。 　　股东名册是股东资格的证明，非上市的股份有限公司应当置备股东名册。上市公司股东均在法律规定的证券登记结算机构系统中登记，无需置备。 　　本次修法新增类别股的规定，因此，本条相应增加"各股东所认购股份种类"的内容。 　　在电子化、数字化时代，绝大多数股票是无纸化的，对于个别纸面形式的股票，本条新增"股票编号"的要求，以明确股东资格对应的依据。

2023 年《公司法》	2018 年《公司法》	释　　义
第一百零三条　募集设立股份有限公司的发起人应当自**公司设立时**应发行股份的股款缴足之日起三十日内召开公司**成立大会**。发起人应当在成立大会召开十五日前将会议日期通知各认股人或者予以公告。**成立大会**应当有持有表决权过半数的认股人出席，方可举行。 　　**以发起设立方式设立股份有限公司成立大会的召开和表决程序由公司章程或者发起人协议规定。**	第八十九条第一款　发行股份的股款缴足后，必须经依法设立的验资机构验资并出具证明。发起人应当自股款缴足之日起三十日内主持召开公司创立大会。创立大会由发起人、认股人组成。 　　第九十条第一款　发起人应当在创立大会召开十五日前将会议日期通知各认股人或者予以公告。创立大会应有代表股份总数过半数的发起人、认股人出席，方可举行。	本条是关于股份公司成立大会召开程序的规定，由旧法第八十九条第一款、第九十条第一款修改而来。 　　本条主要有两处改动： 　　一是区分股份有限公司的发起设立与募集设立。 　　二是对于募集设立的，要求出席成立大会的表决权过半数的持有主体，本次修法删除了发起人，仅仅保留"认股人"。这里的"过半数"应该理解为是所有认股人持有的股份过半数，而不是全部股份过半数。如果是全体股份数的过半数，那么，可能参加的认股人在数量很少的情况下就可以召开成立大会。如此规定，是为了保障认股人的合法权益。 　　对于发起设立的，将成立大会的召开和表决程序规定为公司自治的范畴。 　　与股东人数较少且固定的发起设立不同，股份有限公司的募集设立涉及的股东人数较多且不确定，因此，法律明确规定了公司召开成立大会的程序要求，以保障全体股东的合法权益。

2023 年《公司法》	2018 年《公司法》	释　　义
第一百零四条　公司**成立大会**行使下列职权： 　　（一）审议发起人关于公司筹办情况的报告； 　　（二）通过公司章程； 　　**（三）选举董事、监事；** 　　（四）对公司的设立费用进行审核； 　　（五）对发起人**非货币财产出资**的作价进行审核； 　　（六）发生不可抗力或者经营条件发生重大变化直接影响公司设立的，可以作出不设立公司的决议。 　　成立大会对前款所列事项作出决议，应当经出席会议的认股人所持表决权过半数通过。	**第九十条第二款、第三款**　创立大会行使下列职权： 　　（一）审议发起人关于公司筹办情况的报告； 　　（二）通过公司章程； 　　（三）选举董事会成员； 　　（四）选举监事会成员； 　　（五）对公司的设立费用进行审核； 　　（六）对发起人用于抵作股款的财产的作价进行审核； 　　（七）发生不可抗力或者经营条件发生重大变化直接影响公司设立的，可以作出不设立公司的决议。 　　创立大会对前款所列事项作出决议，必须经出席会议的认股人所持表决权过半数通过。	本条是关于成立大会的职权和表决程序的规定，由旧法第九十条第二款、第三款微调而来。
第一百零五条　公司设立时应发行的股份未募足，或者发行股份的股款缴足后，发起人在三十日内未召开成立大会的，认股人可以按照所缴股款并加算银行	**第八十九条第二款**　发行的股份超过招股说明书规定的截止期限尚未募足的，或者发行股份的股款缴足后，发起人在三十日内未召开创立大会的，认股人可	本条是关于可以退还股款条件的规定，由旧法第八十九条第二款与第九十一条修改而来。 　　从理论上说，股东一旦完成出资，该出资就由股东财产转化为公司财产，股东

2023 年《公司法》	2018 年《公司法》	释　义
同期存款利息，要求发起人返还。 　　发起人、认股人缴纳股款或者交付**非货币财产**出资后，除未按期募足股份、发起人未按期召开**成立大会**或者成立大会决议不设立公司的情形外，不得抽回其股本。	以按照所缴股款并加算银行同期存款利息，要求发起人返还。 　　**第九十一条**　发起人、认股人缴纳股款或者交付抵作股款的出资后，除未按期募足股份、发起人未按期召开创立大会或者创立大会决议不设立公司的情形外，不得抽回其股本。	不得抽回。 　　公司募集设立，股份募足是公司成立的必要条件。股份未募足或发起人未按期召开成立大会是对认股人的违约行为，这两种情况属于非可归责于认股人的行为，发起人应该向认股人承担退还认股款的责任。成立大会决议不设立公司的，认股的根本目的不能实现，理应恢复到未出资的原始状态。
第一百零六条　董事会应当**授权代表**，于公司**成立大会**结束后三十日内向公司登记机关申请设立登记。	**第九十二条第一款**　董事会应于创立大会结束后三十日内，向公司登记机关报送下列文件，申请设立登记： 　　（一）公司登记申请书； 　　（二）创立大会的会议记录； 　　（三）公司章程； 　　（四）验资证明； 　　（五）法定代表人、董事、监事的任职文件及其身份证明； 　　（六）发起人的法人资格证明或者自然人身份证明； 　　（七）公司住所证明。	本条是关于董事会申请设立登记的规定，由旧法第九十二条第一款修改而来。

2023 年《公司法》	2018 年《公司法》	释　义
第一百零七条　本法第四十四条、第四十九条第三款、第五十一条、第五十二条、第五十三条的规定，适用于股份有限公司。		本条是关于股份有限公司股东出资义务和相关法律责任适用有限责任公司规则的规定，为本次修法新增内容。 虽然，股份有限责任公司与有限责任公司在组织形式上不同，但在股东出资方面并无本质差异。因此，在有限责任公司部分对该类问题已有规定的前提下，股份有限公司无需重复。
第一百零八条　有限责任公司变更为股份有限公司时，折合的实收股本总额不得高于公司净资产额。有限责任公司变更为股份有限公司，为增加**注册**资本公开发行股份时，应当依法办理。	**第九十五条**　有限责任公司变更为股份有限公司时，折合的实收股本总额不得高于公司净资产额。有限责任公司变更为股份有限公司，为增加资本公开发行股份时，应当依法办理。	本条是关于有限责任公司变更为股份有限公司时股本方面的要求，由旧法第九十五条微调而来。 有限责任公司变更为股份有限公司，应对原公司进行清算，净资产额即新公司的实收资本。如果增加资本公开发行股份的，按照股份增发程序办理即可。本次修改只是将旧法中的"资本"明确为"注册资本"。
第一百零九条　股份有限公司应当将公司章程、股东名册、**股东会**会议记录、董事会会议记录、监事会会议记录、财务会计报告、**债券持有人名册**置备于本公司。	**第九十六条**　股份有限公司应当将公司章程、股东名册、公司债券存根、股东大会会议记录、董事会会议记录、监事会会议记录、财务会计报告置备于本公司。	本条是关于股份有限公司应当将重要资料置备于公司的规定，由旧法第九十六条微调而来。 绝大多数公司债券已经实现电子化发行，很少有纸质债券，因此，删去"公司债券存根"，增加"债券持有人名册"；本次修法将股份

2023 年《公司法》	2018 年《公司法》	释　　义
		有限公司的"股东大会"修改为"股东会"，本条也作相应调整。
第一百一十条　股东有权查阅、**复制**公司章程、股东名册、股东会会议记录、董事会会议决议、监事会会议决议、财务会计报告，对公司的经营提出建议或者质询。 　　**连续一百八十日以上单独或者合计持有公司百分之三以上股份的股东要求查阅公司的会计账簿、会计凭证的，适用本法第五十七条第二款、第三款、第四款的规定。公司章程对持股比例有较低规定的，从其规定。** 　　**股东要求查阅、复制公司全资子公司相关材料的，适用前两款的规定。** 　　**上市公司股东查阅、复制相关材料的，应当遵守《中华人民共和国证券法》等法律、行政法规的规定。**	**第九十七条**　股东有权查阅公司章程、股东名册、公司债券存根、股东大会会议记录、董事会会议决议、监事会会议决议、财务会计报告，对公司的经营提出建议或者质询。	本条是关于股东知情权、建议和质询权的规定，由旧法第九十七条修改而来。 　　本条的主要变化如下： 　　一是在股东对公司重要资料有查阅权的基础上增加"复制权"，使得股东对公司相关信息可以留存依据，有利于股东权利的保护。 　　二是赋予特定股东可以委托中介机构行使查阅权以及遇到障碍向人民法院提起诉讼的权利。 　　三是对于"百分之三"的持股比例，公司可以通过章程调低。 　　四是将股东查阅、复制权的适用范围扩大到公司的全资子公司。 　　五是明确上市公司股东查阅、复制权的行使适用《证券法》相关规定。

2023 年《公司法》	2018 年《公司法》	释　　义
第二节　股东会	第二节 股东大会	对于股东会会议，旧法区分有限责任公司与股份有限公司，前者称为"股东会"，后者称为"股东大会"。这种区分并无实际意义，有限责任公司的股东人数也可能远多于股份有限公司，"大会"一词并无道理。本次修法将二者统一为"股东会"，在逻辑上、体系上更为合理。
第一百一十一条　股份有限公司股东会由全体股东组成。股东会是公司的权力机构，依照本法行使职权。	第九十八条　股份有限公司股东大会由全体股东组成。股东大会是公司的权力机构，依照本法行使职权。	本条是关于股份公司股东会组成与地位的规定，由旧法第九十八条微调而来。本条唯一的变化，是将"股东大会"修改为"股东会"。
第一百一十二条　本法第五十九条第一款、第二款关于有限责任公司股东会职权的规定，适用于股份有限公司股东会。本法第六十条关于只有一个股东的有限责任公司不设股东会的规定，适用于只有一个股东的股份有限公司。	第九十九条　本法第三十七条第一款关于有限责任公司股东会职权的规定，适用于股份有限公司股东大会。	本条是关于股份公司股东会职权的规定，由旧法第九十九条修改而来。股份公司股东会在职权与地位上与有限责任公司相同，唯一差异在于股份公司股东会必须召开会议才能形成决议，即使全体股东同意，也不得仅以书面形式签字、盖章方式通过。一人股份有限公司与一人有限责任公司相同，采用书面形式作出决定并置备于公司即可。

2023 年《公司法》	2018 年《公司法》	释　　义
第一百一十三条 股东会应当每年召开一次年会。有下列情形之一的，应当在两个月内召开临时股东会会议： （一）董事人数不足本法规定人数或者公司章程所定人数的三分之二时； （二）公司未弥补的亏损达股本总额三分之一时； （三）单独或者合计持有公司百分之十以上股份的股东请求时； （四）董事会认为必要时； （五）监事会提议召开时； （六）公司章程规定的其他情形。	**第一百条** 股东大会应当每年召开一次年会。有下列情形之一的，应当在两个月内召开临时股东大会： （一）董事人数不足本法规定人数或者公司章程所定人数的三分之二时； （二）公司未弥补的亏损达实收股本总额三分之一时； （三）单独或者合计持有公司百分之十以上股份的股东请求时； （四）董事会认为必要时； （五）监事会提议召开时； （六）公司章程规定的其他情形。	本条是关于股东会年会与临时会议召开条件的规定，由旧法第一百条微调而来。 本条的主要变化如下： 一是将"股东大会"调整为"股东会"。 二是将未弥补的亏损达"实收股本总额三分之一"改为"股本总额三分之一"，标准更为严格。 股东会临时会议召开的原因有二： 一是法定发生重大事项的，本条前两项属于这一类。 二是特定机构或主体召集的，后三项属于这一类。
第一百一十四条 **股东会**会议由董事会召集，董事长主持；董事长不能履行职务或者不履行职务的，由副董事长主持；副董事长不能履行职务或者不履行职务的，由**过半数**的董事共同推举一名董事主持。 董事会不能履行或者不履行召集股东会会议职责的，监事会应当	**第一百零一条** 股东大会会议由董事会召集，董事长主持；董事长不能履行职务或者不履行职务的，由副董事长主持；副董事长不能履行职务或者不履行职务的，由半数以上董事共同推举一名董事主持。 董事会不能履行或者不履行召集股东大会会议职责的，监事应	本条是关于股份公司股东会召集与主持的规定，由旧法第一百零一条修改而来。 本条第一款、第二款仅有两处细微变化： 一是将"股东大会"调整为"股东会"。 二是将"半数以上"修改为"过半数"。 本条第三款为新增内容，是关于董事会、监事会负有对股东召开临时股东

2023 年《公司法》	2018 年《公司法》	释　　义
及时召集和主持；监事会不召集和主持的，连续九十日以上单独或者合计持有公司百分之十以上股份的股东可以自行召集和主持。 　　**单独或者合计持有公司百分之十以上股份的股东请求召开临时股东会会议的，董事会、监事会应当在收到请求之日起十日内作出是否召开临时股东会会议的决定，并书面答复股东。**	当及时召集和主持；监事会不召集和主持的，连续九十日以上单独或者合计持有公司百分之十以上股份的股东可以自行召集和主持。	会议请求书面答复的义务的规定。
第一百一十五条　召开股东会会议，应当将会议召开的时间、地点和审议的事项于会议召开二十日前通知各股东；临时股东会会议应当于会议召开十五日前通知各股东。 　　单独或者合计持有公司**百分之一**以上股份的股东，可以在股东会会议召开十日前提出临时提案并书面提交董事会。**临时提案应当有明确议题和具体决议事项。**董事会应当在收到提案后二日内通知其他股东，并将该临时提案提交股东会审议；**但临**	**第一百零二条**　召开股东大会会议，应当将会议召开的时间、地点和审议的事项于会议召开二十日前通知各股东；临时股东大会应当于会议召开十五日前通知各股东；发行无记名股票的，应当于会议召开三十日前公告会议召开的时间、地点和审议事项。 　　单独或者合计持有公司百分之三以上股份的股东，可以在股东大会召开十日前提出临时提案并书面提交董事会；董事会应当在收到提案后二日内通知其他	本条是关于股东会的通知程序与临时议案的规定，由旧法第一百零二条修改而来。 　　本条的主要变化如下： 　　一是结合股份公司股票普遍电子化的情况，删除有关无记名股票的规定。 　　二是降低享有临时提案权股东的持股比例，由"百分之三"将至"百分之一"，使得该项权利行使的门槛大幅降低，有利于中小股东的权利保护。 　　三是为了防止临时提案权被滥用，增加临时提案有效性的要求，即"违反法律、行政法规或者公司章程的规定，或者不属于股东会

2023 年《公司法》	2018 年《公司法》	释　　义
时提案违反法律、行政法规或者公司章程的规定，或者不属于股东会职权范围的除外。公司不得提高提出临时提案股东的持股比例。 公开发行股份的公司，应当以公告方式作出前两款规定的通知。 股东会不得对通知中未列明的事项作出决议。	股东，并将该临时提案提交股东大会审议。临时提案的内容应当属于股东大会职权范围，并有明确议题和具体决议事项。 股东大会不得对前两款通知中未列明的事项作出决议。 无记名股票持有人出席股东大会会议的，应当于会议召开五日前至股东大会闭会时将股票交存于公司。	职权范围的除外"。
第一百一十六条　股东出席**股东会**会议，所持每一股份有一表决权，**类别股股东除外**。公司持有的本公司股份没有表决权。 股东会作出决议，应当经出席会议的股东所持表决权过半数通过。 股东会作出修改公司章程、增加或者减少注册资本的决议，以及公司合并、分立、解散或者变更公司形式的决议，应当经出席会议的股东所持表决权的三分之二以上通过。	**第一百零三条**　股东出席股东大会会议，所持每一股份有一表决权。但是，公司持有的本公司股份没有表决权。 股东大会作出决议，必须经出席会议的股东所持表决权过半数通过。但是，股东大会作出修改公司章程、增加或者减少注册资本的决议，以及公司合并、分立、解散或者变更公司形式的决议，必须经出席会议的股东所持表决权的三分之二以上通过。	本条是关于股东会议事规则的规定，由旧法第一百零三条修改而来。 股份公司股东会的议事规则原则上实行"同股同权"。本次修订增加"类别股"的规定，本法第一百四十四条详细列明了类别股的种类，其中专门规定了"每一股的表决权数多于或者少于普通股的股份"的类别股。对于这类股份，表决权的多少按照公司章程的规定执行。 股东会决议的通过，一般事项为多数决，即超过出席会议股份的半数即可，特殊事项为绝大多数决，即出席会议股份的三分之二通过才行。

2023 年《公司法》	2018 年《公司法》	释　义
第一百一十七条 **股东会**选举董事、监事，可以**按照**公司章程的规定或者股东会的决议，实行累积投票制。　本法所称累积投票制，是指**股东会**选举董事或者监事时，每一股份拥有与应选董事或者监事人数相同的表决权，股东拥有的表决权可以集中使用。	**第一百零五条**　股东大会选举董事、监事，可以依照公司章程的规定或者股东大会的决议，实行累积投票制。　本法所称累积投票制，是指股东大会选举董事或者监事时，每一股份拥有与应选董事或者监事人数相同的表决权，股东拥有的表决权可以集中使用。	本条是关于累积投票制的规定，由旧法第一百零五条微调而来。　累计投票制是为了中小股东充分行使选举董事、监事的表决权而设，贯彻"对每一人选，每一股份均有一表决权"的原则。　本次修订有两处微调：　一是"依照公司章程"修改为"按照公司章程"。　二是"股东大会"调整为"股东会"。
第一百一十八条 股东委托代理人出席股东会会议的，**应当明确代理人代理的事项、权限和期限；**代理人应当向公司提交股东授权委托书，并在授权范围内行使表决权。	**第一百零六条**　股东可以委托代理人出席股东大会会议，代理人应当向公司提交股东授权委托书，并在授权范围内行使表决权。	本条是关于股东表决权代理行使的规定，由旧法第一百零六条修改而来。　本条的主要变化是增加委托书"应当明确代理人代理的事项、权限和期限"的规定。
第一百一十九条 股东会应当对所议事项的决定作成会议记录，主持人、出席会议的董事应当在会议记录上签名。会议记录应当与出席股东的签名册及代理出席的委托书一并保存。	**第一百零七条**　股东大会应当对所议事项的决定作成会议记录，主持人、出席会议的董事应当在会议记录上签名。会议记录应当与出席股东的签名册及代理出席的委托书一并保存。	本条是关于股东会会议记录的规定，由旧法第一百零七条微调而来。　本条内容并无变化，只是把"股东大会"调整为"股东会"。

2023 年《公司法》	2018 年《公司法》	释　　义
第三节　董事会、经理	第三节　董事会、经理	
第一百二十条　股份有限公司设董事会，本法第一百二十八条另有规定的除外。 　　本法第六十七条、第六十八条第一款、第七十条、第七十一条的规定，适用于股份有限公司。	第一百零八条　股份有限公司设董事会，其成员为五人至十九人。 　　董事会成员中可以有公司职工代表。董事会中的职工代表由公司职工通过职工代表大会、职工大会或者其他形式民主选举产生。 　　本法第四十五条关于有限责任公司董事任期的规定，适用于股份有限公司董事。 　　本法第四十六条关于有限责任公司董事会职权的规定，适用于股份有限公司董事会。	本条是关于股份公司董事会设置、职权与更替的规定，由旧法第一百零八条修改而来。 　　本条删除关于股份有限公司董事会人数限制的规定，根据本条第二款的规定，本法关于有限责任公司董事会的相关规定，适用股份有限公司。因此，股份有限公司的董事会成员人数也是三人以上。股份有限公司的职权、董事更替等事项也适用有限责任公司的相关规定。
第一百二十一条　股份有限公司可以按照公司章程的规定在董事会中设置由董事组成的审计委员会，行使本法规定的监事会的职权，不设监事会或者监事。 　　审计委员会成员为三名以上，过半数成员不得在公司担任除董事以外的其他职务，且不得与公司存在任何可能影响其独立客观判断的关系。公司董事会成员		本条是关于股份有限公司审计委员会设置的规定，为本次修法新增内容。 　　在董事会中设置替代监事会职能的审计委员会是本次修法的亮点之一，由具备审计、法律等专业背景的董事组成审计委员会，比专门设置外部机构（监事会）更有利于精简公司机构、优化公司治理结构。 　　需要注意的是，包括审计委员会在内，战略、薪酬等董事会内部的专门委员会

2023 年《公司法》	2018 年《公司法》	释　　义
中的职工代表可以成为审计委员会成员。 审计委员会作出决议，应当经审计委员会成员的过半数通过。 审计委员会决议的表决，应当一人一票。 审计委员会的议事方式和表决程序，除本法有规定的外，由公司章程规定。 公司可以按照公司章程的规定在董事会中设置其他委员会。		的设置，并非法律的强制性要求，而是由公司酌情而定。 关联规定： 《上市公司治理准则》 第三十八条　上市公司董事会应当设立审计委员会，并可以根据需要设立战略、提名、薪酬与考核等相关专门委员会。专门委员会对董事会负责，依照公司章程和董事会授权履行职责，专门委员会的提案应当提交董事会审议决定。 专门委员会成员全部由董事组成，其中审计委员会、提名委员会、薪酬与考核委员会中独立董事应当占多数并担任召集人，审计委员会的召集人应当为会计专业人士。
第一百二十二条　董事会设董事长一人，可以设副董事长。董事长和副董事长由董事会以全体董事的过半数选举产生。 董事长召集和主持董事会会议，检查董事会决议的实施情况。副董事长协助董事长工作，董事长不能履行职务或者不履行职务的，	**第一百零九条**　董事会设董事长一人，可以设副董事长。董事长和副董事长由董事会以全体董事的过半数选举产生。 董事长召集和主持董事会会议，检查董事会决议的实施情况。副董事长协助董事长工作，董事长不能履行职务或者不履行职务的，	本条是关于董事会组成、召集和主持的规定，由旧法第一百零九条微调而来。 本条主要内容没有变化，唯一调整是将副董事长不能履行职务或者不履行职务的，由"半数以上董事"共同推举一名董事履行职务，改为由"过半数的董事"共同推举。

2023 年《公司法》	2018 年《公司法》	释　义
由副董事长履行职务；副董事长不能履行职务或者不履行职务的，由**过半数的**董事共同推举一名董事履行职务。	由副董事长履行职务；副董事长不能履行职务或者不履行职务的，由半数以上董事共同推举一名董事履行职务。	
第一百二十三条　董事会每年度至少召开两次会议，每次会议应当于会议召开十日前通知全体董事和监事。 　　代表十分之一以上表决权的股东、三分之一以上董事或者监事会，可以提议召开**临时董事会会议**。董事长应当自接到提议后十日内，召集和主持董事会会议。 　　董事会召开临时会议，可以另定召集董事会的通知方式和通知时限。	**第一百一十条**　董事会每年度至少召开两次会议，每次会议应当于会议召开十日前通知全体董事和监事。 　　代表十分之一以上表决权的股东、三分之一以上董事或者监事会，可以提议召开董事会临时会议。董事长应当自接到提议后十日内，召集和主持董事会会议。 　　董事会召开临时会议，可以另定召集董事会的通知方式和通知时限。	本条是关于股份有限公司董事会会议召开要求的规定，由旧法第一百一十条微调而来。 　　本条唯一的变化是将"董事会临时会议"调整为"临时董事会会议"。
第一百二十四条　董事会会议**应当**有过半数的董事出席方可举行。董事会作出决议，**应当经**全体董事的过半数通过。 　　董事会决议的表决，**应当**一人一票。 　　董事会应当对所议事项的决定作成会议记	**第一百一十一条**　董事会会议应有过半数的董事出席方可举行。董事会作出决议，必须经全体董事的过半数通过。 　　董事会决议的表决，实行一人一票。 　　**第一百一十二条第二款**　董事会应当对会	本条是关于董事会议事规则的规定，由旧法第一百一十一条、第一百一十二条第二款合并、修改而来。 　　董事并非公司股份的直接代表，董事会并非股东会，其运作采取一人一票、人数多数决的规则。 　　本条的变化如下： 　　一是将"董事会会议应

2023 年《公司法》	2018 年《公司法》	释 义
录，出席会议的董事应当在会议记录上签名。	议所议事项的决定作成会议记录，出席会议的董事应当在会议记录上签名。	有过半数的董事出席方可举行"中的"应"修改为"应当"。 　　二是将"董事会作出决议，必须经全体董事的过半数通过"中的"必须"修改为"应当"。 　　三是将"董事会决议的表决，实行一人一票"修改为"董事会决议的表决，应当一人一票"。 　　四是将第一百一十二条第二款关于董事会会议记录的规定作为本条第三款。
第一百二十五条 董事会会议，**应当**由董事本人出席；董事因故不能出席，可以书面委托其他董事代为出席，委托书应当载明授权范围。 　　董事应当对董事会的决议承担责任。董事会的决议违反法律、行政法规或者公司章程、股东会决议，**给公司造成严重损失的**，参与决议的董事对公司负赔偿责任；经证明在表决时曾表明异议并记载于会议记录的，该董事可以免除责任。	**第一百一十二条** 董事会会议，应由董事本人出席；董事因故不能出席，可以书面委托其他董事代为出席，委托书中应载明授权范围。 　　董事会应当对会议所议事项的决定作成会议记录，出席会议的董事应当在会议记录上签名。 　　董事应当对董事会的决议承担责任。董事会的决议违反法律、行政法规或者公司章程、股东大会决议，致使公司遭受严重损失的，参与决议的董事对公司负	本条是关于董事会的出席与决议造成公司损失时责任承担的规定，由旧法第一百一十二条第一款、第三款微调而来。 　　将旧法第二款董事会会议记录的规定移至第一百二十四条董事会议事规则之中，更符合逻辑体系。 　　其他几处微调主要是将"应"改为"应当"、删除"但"、将"致使公司遭受严重损失"修改为"给公司造成严重损失"等对主要内容并无实质影响的表述的调整。 　　董事会决议给公司造成损失的，董事并不是要对所有的损失承担责任，只有同

2023 年《公司法》	2018 年《公司法》	释　　义
	赔偿责任。但经证明在表决时曾表明异议并记载于会议记录的，该董事可以免除责任。	时符合以下两方面条件才承担责任。 一是该决议违反法律、行政法规或者公司章程、股东大会决议的。 二是对董事会决议投了赞成票的。如果表示异议，无论是反对还是弃权，并记录在案的可以免除责任。
第一百二十六条 股份有限公司设经理，由董事会决定聘任或者解聘。 **经理对董事会负责，根据公司章程的规定或者董事会的授权行使职权。经理列席董事会会议。**	**第一百一十三条** 股份有限公司设经理，由董事会决定聘任或者解聘。 本法第四十九条关于有限责任公司经理职权的规定，适用于股份有限公司经理。	本条是关于股份有限公司经理的规定，由旧法第一百一十三条修改而来。 本条与本法第七十四条关于有限责任公司经理规定的内容基本相同。
第一百二十七条 公司董事会可以决定由董事会成员兼任经理。	**第一百一十四条** 公司董事会可以决定由董事会成员兼任经理。	本条是关于董事会成员可以兼任经理的规定，由旧法第一百一十四条平移至此。
第一百二十八条 规模较小或者股东人数较少的股份有限公司，可以不设董事会，设一名董事，行使本法规定的董事会的职权。该董事可以兼任公司经理。		本条为本次修法的新增内容，是关于股份有限公司不设董事会的规定。 本条内容原为旧法对有限责任公司的规定，本次修法将其引至股份有限公司。 从理论上说，非上市股份公司在人合性、资合性方面以及在公司治理结构方面，与有限责任公司并无本质区别。对于规模较小或者

2023 年《公司法》	2018 年《公司法》	释　义
		股东人数较少的股份有限公司，设置董事会没有太大必要，还会徒增公司运行成本。
第一百二十九条 公司应当定期向股东披露董事、监事、高级管理人员从公司获得报酬的情况。	**第一百一十六条** 公司应当定期向股东披露董事、监事、高级管理人员从公司获得报酬的情况。	本条是关于股份有限公司董事、监事、高级管理人员薪酬披露制度的规定，由旧法第一百一十六条平移至此。
第四节　监事会	**第四节　监事会**	
第一百三十条　股份有限公司设监事会，**本法第一百二十一条第一款、第一百三十三条另有规定的除外。** 监事会成员为三人以上。监事会成员应当包括股东代表和适当比例的公司职工代表，其中职工代表的比例不得低于三分之一，具体比例由公司章程规定。监事会中的职工代表由公司职工通过职工代表大会、职工大会或者其他形式民主选举产生。 监事会设主席一人，可以设副主席。监事会主席和副主席由全体监事过半数选举产生。监事会主席召集和主持监事会会议；监事	**第一百一十七条** 股份有限公司设监事会，其成员不得少于三人。 监事会应当包括股东代表和适当比例的公司职工代表，其中职工代表的比例不得低于三分之一，具体比例由公司章程规定。监事会中的职工代表由公司职工通过职工代表大会、职工大会或者其他形式民主选举产生。 监事会设主席一人，可以设副主席。监事会主席和副主席由全体监事过半数选举产生。监事会主席召集和主持监事会会议；监事会主席不能履行职务或者不履行职务的，由监	本条规定的是股份有限公司监事会的设立与组成，由旧法第一百一十七条修改而来。 本次修法新增董事会审计委员会的规定，因此，本条第一款规定，监事会并非所有股份有限公司必设机构。 本条其余内容并无变动。

2023 年《公司法》	2018 年《公司法》	释　　义
会主席不能履行职务或者不履行职务的，由监事会副主席召集和主持监事会会议；监事会副主席不能履行职务或者不履行职务的，由过半数的监事共同推举一名监事召集和主持监事会会议。 董事、高级管理人员不得兼任监事。 本法**第七十七条**关于有限责任公司监事任期的规定，适用于股份有限公司监事。	事会副主席召集和主持监事会会议；监事会副主席不能履行职务或者不履行职务的，由半数以上监事共同推举一名监事召集和主持监事会会议。 董事、高级管理人员不得兼任监事。 本法第五十二条关于有限责任公司监事任期的规定，适用于股份有限公司监事。	
第一百三十一条 本法**第七十八条至第八十条**的规定，适用于股份有限公司监事会。 监事会行使职权所必需的费用，由公司承担。	**第一百一十八条** 本法第五十三条、第五十四条关于有限责任公司监事会职权的规定，适用于股份有限公司监事会。 监事会行使职权所必需的费用，由公司承担。	本条是关于股份有限公司监事会职权的规定，由旧法第一百一十八条微调而来。根据新法的变化，调整了所对应的有限责任公司部分的条文。
第一百三十二条 监事会每六个月至少召开一次会议。监事可以提议召开临时监事会会议。 监事会的议事方式和表决程序，除本法有规定的外，由公司章程规定。	**第一百一十九条** 监事会每六个月至少召开一次会议。监事可以提议召开临时监事会会议。 监事会的议事方式和表决程序，除本法有规定的外，由公司章程规定。	本条是关于股份有限公司监事会会议制度的规定，由旧法第一百一十九条修改而来。 本条并无太大变化，只是增加"监事会决议的表决，应当一人一票"规定。 监事会决议"应当经半数以上监事通过"修改为

2023 年《公司法》	2018 年《公司法》	释　义
监事会决议应当经**全体监事的过半数**通过。 　　**监事会决议的表决，应当一人一票。** 　　监事会应当对所议事项的决定作成会议记录，出席会议的监事应当在会议记录上签名。	监事会决议应当经半数以上监事通过。 　　监事会应当对所议事项的决定作成会议记录，出席会议的监事应当在会议记录上签名。	"应当经全体监事的过半数通过"。
第一百三十三条　规模较小或者股东人数较少的股份有限公司，可以不设监事会，设一名监事，行使本法规定的监事会的职权。		本条是关于股份有限公司可以不设监事会的规定，为本次修法的新增内容。 　　比照有限责任公司，规模较小或者股东人数较少的股份有限公司可以不设监事会，其法理依据与董事会相同。
第五节　上市公司组织机构的特别规定	**第五节　上市公司组织机构的特别规定**	
第一百三十四条　本法所称上市公司，是指其股票在证券交易所上市交易的股份有限公司。	**第一百二十条**　本法所称上市公司，是指其股票在证券交易所上市交易的股份有限公司。	本条是关于上市公司定义的规定，由旧法第一百二十条平移至此。
第一百三十五条　上市公司在一年内购买、出售重大资产或者**向他人提供担保的金额**超过公司资产总额百分之三十的，应当由**股东会**作出决议，并经出席会议的股东所持表决权的三分之二以上通过。	**第一百二十一条**　上市公司在一年内购买、出售重大资产或者担保金额超过公司资产总额百分之三十的，应当由股东大会作出决议，并经出席会议的股东所持表决权的三分之二以上通过。	本条是关于上市公司重大资产买卖或者对外重大担保决策程序的规定，由旧法第一百二十一条微调而来。 　　上市公司重大资产买卖或者对外重大担保，涉及利益巨大，必须慎重决策，因此本法要求必须经过出席会议的股东所持表决权的三分

2023 年《公司法》	2018 年《公司法》	释　　义
		之二以上通过。 　　本次修法微调内容有二： 　　一是将"担保"明确为"向他人提供担保"。 　　二是将"股东大会"改为"股东会"。
第一百三十六条　上市公司设独立董事，具体管理办法由国务院证券监督管理机构规定。 　　上市公司的公司章程除载明本法第九十五条规定的事项外，还应当依照法律、行政法规的规定载明董事会专门委员会的组成、职权以及董事、监事、高级管理人员薪酬考核机制等事项。	第一百二十二条　上市公司设独立董事，具体办法由国务院规定。	本条是关于上市公司设独立董事和公司章程应载明董事会专门委员会事项的规定，由旧法第一百二十二条修改而来。 　　本次修法将独立董事的具体办法由"国务院规定"明确为"国务院证券监督管理机构规定"。 　　第二款为新增内容，是对上市公司在章程中应当载明董事会专门委员会事项的强制性要求。 关联规定： 《上市公司独立董事管理办法》
第一百三十七条　上市公司在董事会中设置审计委员会的，董事会对下列事项作出决议前应当经审计委员会全体成员过半数通过： 　　（一）聘用、解聘承办公司审计业务的会计师事务所； 　　（二）聘任、解聘财务负责人；		本条是关于上市公司必须经审计委员会过半数通过事项的规定，为新增内容。 　　本次修法，新增审计委员会的设置，并根据不同情形，在不同部分规定相应规则。根据《上市公司治理准则》的规定，审计委员会是上市公司的必设机构。对于涉及公司审计、财务相关事项的，必须经审计委员会过

2023 年《公司法》	2018 年《公司法》	释　　义
（三）披露财务会计报告； （四）国务院证券监督管理机构规定的其他事项。		半数通过，才能提交董事会审议。 关联规定： **《上市公司治理准则》** 　第三十八条　上市公司董事会应当设立审计委员会，并可以根据需要设立战略、提名、薪酬与考核等相关专门委员会。专门委员会对董事会负责，依照公司章程和董事会授权履行职责，专门委员会的提案应当提交董事会审议决定。 　专门委员会成员全部由董事组成，其中审计委员会、提名委员会、薪酬与考核委员会中独立董事应当占多数并担任召集人，审计委员会的召集人应当为会计专业人士。 **《上市公司独立董事管理办法》** 　第二十六条第一款　上市公司董事会审计委员会负责审核公司财务信息及其披露、监督及评估内外部审计工作和内部控制，下列事项应当经审计委员会全体成员过半数同意后，提交董事会审议： 　（一）披露财务会计报告及定期报告中的财务信息、内部控制评价报告；

2023 年《公司法》	2018 年《公司法》	释　　义
		（二）聘用或者解聘承办上市公司审计业务的会计师事务所； （三）聘任或者解聘上市公司财务负责人； （四）因会计准则变更以外的原因作出会计政策、会计估计变更或者重大会计差错更正； （五）法律、行政法规、中国证监会规定和公司章程规定的其他事项。
第一百三十八条 上市公司设董事会秘书，负责公司**股东会**和董事会会议的筹备、文件保管以及公司股东资料的管理，办理信息披露事务等事宜。	**第一百二十三条** 上市公司设董事会秘书，负责公司股东大会和董事会会议的筹备、文件保管以及公司股东资料的管理，办理信息披露事务等事宜。	本条是关于上市公司董事会秘书的规定，由旧法第一百二十三条微调而来。将"股东大会"改为"股东会"。
第一百三十九条 上市公司董事与董事会会议决议事项所涉及的企业**或者个人**有关联关系的，**该董事应当及时向董事会书面报告。有关联关系的董事**不得对该项决议行使表决权，也不得代理其他董事行使表决权。该董事会会议由过半数的无关联关系董事出席即可举行，董事会会议所作决议须	**第一百二十四条** 上市公司董事与董事会会议决议事项所涉及的企业有关联关系的，不得对该项决议行使表决权，也不得代理其他董事行使表决权。该董事会会议由过半数的无关联关系董事出席即可举行，董事会会议所作决议须经无关联关系董事过半数通过。出席董事会的无关联关系董事人	本条是关于上市公司董事对关联交易回避表决的规定，由旧法第一百二十四条微调而来。 本次修法增加了董事对与其有关联关系的事项负有向董事会书面报告的义务的规定。

2023 年《公司法》	2018 年《公司法》	释 义
经无关联关系董事过半数通过。出席**董事会会议**的无关联关系董事人数不足三人的，应当将该事项提交上市公司股东会审议。	数不足三人的，应将该事项提交上市公司股东大会审议。	
第一百四十条 上市公司应当依法披露股东、实际控制人的信息，相关信息应当真实、准确、完整。禁止违反法律、行政法规的规定代持上市公司股票。		本条是关于上市公司对股东、实际控制人披露义务的规定，为新增内容。2019 年修订的《证券法》全面推行注册制，其基础保障为信息披露制度，设专章规定。本次《公司法》修订也作相应的原则性规定。股东、实际控制人的信息为上市公司法定的披露信息，应当坚持真实、准确、完整的原则。实践中，股票代持行为较为常见，这种逃避监管的非法手段极易引发纠纷，被监管部门严厉禁止，司法实践也多否定其效力，本次修法特别予以强调。
第一百四十一条 上市公司控股子公司不得取得该上市公司的股份。上市公司控股子公司因公司合并、质权行使等原因持有上市公司股份的，不得行使所持		本条是关于禁止上市公司与其控股子公司交叉持股的规定，为新增内容。上市公司与其控股子公司交叉持股，易导致虚增公司资本、母子公司人格混同以及公司治理结构混乱等问题。因此，我国各大证券交易所规则都普遍规定禁止上

2023 年《公司法》	2018 年《公司法》	释　　义
股份对应的表决权，并应当及时处分相关上市公司股份。		市公司与其控股子公司之间交叉持股。例如，《上海证券交易所科创板股票上市规则》规定："上市公司控股子公司不得取得该上市公司发行的股份。确因特殊原因持有股份的，应当在一年内依法消除该情形。前述情形消除前，相关子公司不得行使所持股份对应的表决权。"

2023 年《公司法》	2018 年《公司法》	释　　义
第六章　股份有限公司的股份发行和转让	第五章　股份有限公司的股份发行和转让	
第一节　股份发行	第一节　股份发行	
第一百四十二条 公司的资本划分为股份。公司的全部股份，根据公司章程的规定择一采用面额股或者无面额股。采用面额股的，每一股的金额相等。 公司可以根据公司章程的规定将已发行的面额股全部转换为无面额股或者将无面额股全部转换为面额股。 采用无面额股的，应当将发行股份所得股款的二分之一以上计入注册资本。	第一百二十五条第一款　股份有限公司的资本划分为股份，每一股的金额相等。	本条是关于股份及其类型的规定，由旧法第一百二十五条第一款修改而来。 股份是股份有限公司资本的最小计量单位。一般而言，股份具有金额性、平等性、可转让性等特点。 以股票票面是否记载金额为标准，股份可分为面额股与无面额股。股票面额仅仅是计算公司股份总额的一种方法，并非公司净资产的真实反映。通常而言，股票发行价与股票面额也并不一致。公司增发新股时，一般根据公司市场价值确定发行价格。因此，股票的面额并非股票发行的必要条件。 旧法第一百二十七条规定："股票发行价格可以按票面金额，也可以超过票面金额，但不得低于票面金额。"此规定限制了发行价格下浮的可能性，公司发行无面额股可以突破该规定。同时，无面额股在公司合并、分立时，更易操作，成为许多国家公司法的制度选

2023 年《公司法》	2018 年《公司法》	释　　义
		择。因此，本次修法顺应实践需要和立法潮流，增设无面额股规定。 　　发行面额股还是无面额股属于公司自治范畴，二者可以根据公司章程的规定相互转换。但是，如果发行无面额股的，公司注册资本不能少于其取得股款的二分之一。
第一百四十三条 股份的发行，实行公平、公正的原则，同**类别**的每一股份应当具有同等权利。 　　同次发行的同**类别**股份，每股的发行条件和价格应当相同；**认购人**所认购的股份，每股应当支付相同价额。	**第一百二十六条** 股份的发行，实行公平、公正的原则，同种类的每一股份应当具有同等权利。 　　同次发行的同种类股票，每股的发行条件和价格应当相同；任何单位或者个人所认购的股份，每股应当支付相同价额。	本条是关于股份发行原则的规定，由旧法第一百二十六条微调而来。 　　股份发行的基本原则有二：一是同股同权；二是同股同价。本次修法增设类别股规定，因此将旧法的"同种类"股份调整为"同类别"股份。另一变化是将"任何单位或者个人"修改为"认购人"。
第一百四十四条 公司可以按照公司章程的规定发行下列与普通股权利不同的类别股： 　　（一）优先或者劣后分配利润或者剩余财产的股份； 　　（二）每一股的表决权数多于或者少于普通股的股份； 　　（三）转让须经公		本条是新增内容，是关于类别股发行规则的规定。 　　一般而言，公司股份是同质化的，股权内容也应该相同。但是，在商业实践中，不同股份的取得时间、取得原因、利益诉求不同，因此形成了在同一公司中股份内容不同的局面。这并非法律制度设计的结果，而是市场理性的选择。顺应这一

2023 年《公司法》	2018 年《公司法》	释　义
司同意等转让受限的股份； 　　（四）国务院规定的其他类别股。 　　公开发行股份的公司不得发行前款第二项、第三项规定的类别股；公开发行前已发行的除外。 　　公司发行本条第一款第二项规定的类别股的，对于监事或者审计委员会成员的选举和更换，类别股与普通股每一股的表决权数相同。		潮流，许多国家与地区的公司法均承认不同类别股份的存在，本次公司法修订也引入这一制度。 　　2005 年《公司法》就为类别股预留了制度空间，其第一百三十二条规定："国务院可以对公司发行本法规定以外的其他种类的股份，另行作出规定。"2013 年 12 月 9 日，中国证券监督管理委员会通过《优先股试点管理办法》，我国正式开展类别股实践。 　　本条主要规定了类别股的种类及其限制。第一款主要规定了资产收益、表决权与转让等三方面不同的类别股；第二款规定是对公开发行股份的公司发行类别股的限制；第三款则是对决定公司监督机关这一特定事项上类别股表决权的限制。
第一百四十五条　发行类别股的公司，应当在公司章程中载明以下事项： 　　（一）类别股分配利润或者剩余财产的顺序； 　　（二）类别股的表决权数； 　　（三）类别股的转		本条是新增条文，为对发行类别股公司需要在章程中载明的相关事项的规定。 　　类别股是公司根据需要所作的一种特殊安排。为了保护中小股东、公司债权人、善意相对人等相关主体的合法权益，法律要求发行类别股的公司应当在其公司章程中载明相关事项。

2023 年《公司法》	2018 年《公司法》	释　　义
让限制； 　　（四）保护中小股东权益的措施； 　　（五）股东会认为需要规定的其他事项。		需要载明的事项主要是根据类别股的类型应当载明的事项，本条前三项属于这种情况。本条还规定了公司应当在公司章程中载明"保护中小股东权益的措施"。
第一百四十六条　发行类别股的公司，有本法第一百一十六条第三款规定的事项等可能影响类别股股东权利的，除应当依照第一百一十六条第三款的规定经股东会决议外，还应当经出席类别股股东会议的股东所持表决权的三分之二以上通过。 　　公司章程可以对需经类别股股东会议决议的其他事项作出规定。		本条为新增内容，是关于类别股股东特别事项表决权的规定。 　　虽然类别股股东的权利可能受到限制，特别是表决权方面，但是如果涉及公司重大事项有可能损害类别股股东利益的，则不能排除其表决权，还应特别保护。 　　新法第一百一十六条第三款规定："股东会作出修改公司章程、增加或者减少注册资本的决议，以及公司合并、分立、解散或者变更公司形式的决议，应当经出席会议的股东所持表决权的三分之二以上通过。"这类事项事关重大，本条赋予了出席类别股股东会议的股东表决权三分之二以上通过的前置程序，以保障其合法权益不受侵害。

2023 年《公司法》	2018 年《公司法》	释　义
第一百四十七条 公司的股份采取股票的形式。股票是公司签发的证明股东所持股份的凭证。 **公司发行的股票，应当为记名股票。**	**第一百二十五条第二款**　公司的股份采取股票的形式。股票是公司签发的证明股东所持股份的凭证。 **第一百二十九条** 公司发行的股票，可以为记名股票，也可以为无记名股票。 公司向发起人、法人发行的股票，应当为记名股票，并应当记载该发起人、法人的名称或者姓名，不得另立户名或者以代表人姓名记名。	本条是关于股份公司股票的规定，由旧法第一百二十五条第二款、第一百二十九条修改而来。 股票与股份之间是形式与内容的关系，股票是股份的表现形式、股权的行使凭证，股份是股票的实质内容。理论上，股票分为记名股票与无记名股票两种类型。近年来，为了增加公司信息透明度，各国公司法大多废除了无记名股票制度。因此，本次修法也删除了无记名股票的规定。
第一百四十八条 **面额股股票的**发行价格可以按票面金额，也可以超过票面金额，但不得低于票面金额。	**第一百二十七条** 股票发行价格可以按票面金额，也可以超过票面金额，但不得低于票面金额。	本条是关于面额股发行价格的规定，由旧法第一百二十七条微调而来。 本次修法增加了无面额股的规定，因此本条关于发行价格的要求只能适用于面额股。 根据价格不同，面额股股票发行分为三种类型：平价发行、溢价发行与折价发行。从资本充实的角度出发，折价发行会导致实收股款低于发行股票总额，造成资本虚增，有可能损害公司、股东甚至债权人利益。因此，《公司法》不允许折价发行。

2023 年《公司法》	2018 年《公司法》	释　　义
第一百四十九条 股票采用纸面形式或者国务院证券监督管理机构规定的其他形式。 　　股票**采用纸面形式的**，应当载明下列主要事项： 　　（一）公司名称； 　　（二）公司成立日期**或者股票发行的时间**； 　　（三）股票种类、票面金额及代表的股份数，**发行无面额股的，股票代表的股份数**。 　　股票**采用纸面形式的，还**应当载明股票的编号，由法定代表人签名，公司盖章。 　　发起人股票**采用纸面形式的**，应当标明发起人股票字样。	**第一百二十八条** 股票采用纸面形式或者国务院证券监督管理机构规定的其他形式。 　　股票应当载明下列主要事项： 　　（一）公司名称； 　　（二）公司成立日期； 　　（三）股票种类、票面金额及代表的股份数； 　　（四）股票的编号。 　　股票由法定代表人签名，公司盖章。 　　发起人的股票，应当标明发起人股票字样。	本条是关于股票形式及其法定记载事项的规定，由旧法第一百二十八条调整而来。 　　传统股票一般是纸面形式，进入信息时代以来，大多股票是簿记式、电子化的。本条主要是对纸面形式股票记载事项的要求，并无太大变化，只是增加了无面额股的相关规定以及纸面形式股票应载明股票的编号的规定。
第一百五十条　股份有限公司成立后，即向股东正式交付股票。公司成立前不得向股东交付股票。	**第一百三十二条**　股份有限公司成立后，即向股东正式交付股票。公司成立前不得向股东交付股票。	本条是关于股票交付时间的规定，由旧法第一百三十二条平移至此。 　　股票是股东资格与股东权利的凭证。严格来讲，公司成立前，股东身份尚不确定，不能向其交付股票。公司成立后，及时向股东交付股票是公司的义务。

2023 年《公司法》	2018 年《公司法》	释 义
第一百五十一条 公司发行新股，股东会应当对下列事项作出决议： （一）新股种类及数额； （二）新股发行价格； （三）新股发行的起止日期； （四）向原有股东发行新股的种类及数额； （五）发行无面额股的，新股发行所得股款计入注册资本的金额。 公司发行新股，可以根据公司经营情况和财务状况，确定其作价方案。	第一百三十三条 公司发行新股，股东大会应当对下列事项作出决议： （一）新股种类及数额； （二）新股发行价格； （三）新股发行的起止日期； （四）向原有股东发行新股的种类及数额。 第一百三十五条 公司发行新股，可以根据公司经营情况和财务状况，确定其作价方案。	本条是关于公司发行新股决议事项的规定，由旧法第一百三十三条、第一百三十五条修改而来。 公司发行新股是公司成立后根据公司经营发展需要，再次发行股份的行为。新股的数量、价格、期限以及原有股东是否可以认购等事项事关重大，应当由股东会研究决定。 新股的发行价格受公司的资产状况、经营现状、行业地位、发展前景等因素的影响，因此本次修改增加第二款内容。 本次修法增设了无面额股，因此增加了第一款第五项的内容。
第一百五十二条 公司章程或者股东会可以授权董事会在三年内决定发行不超过已发行股份百分之五十的股份。但以非货币财产作价出资的应当经股东会决议。 董事会依照前款规定决定发行股份导致公司注册资本、已发行股份数发生变化的，对公		本条为新增内容，是关于董事会被授权发行股份的规定。 引入授权资本制是本次修法的亮点之一。授权资本制是指在公司设立时，公司章程中确定的注册资本不需要一次性缴足，发起人认购部分股份即可成立，其余股份由公司章程或者股东会授权董事会根据公司经营情况和市场变化决定是否发行、

2023 年《公司法》	2018 年《公司法》	释　　义
司章程该项记载事项的修改不需再由股东会表决。		何时发行。授权资本制降低了股份有限公司的设立难度，简化了股份发行程序，有利于充分利用资本，提高公司运行效率和治理水平。 　　本条规定了三类事项： 　　一是是否采用授权资本方式发行股份，非法律强制性规定，属于公司自治范畴。 　　二是公司章程和股东会授权董事会发行股份的期限、比例与出资方式。 　　三是在授权范围内的资本、股份变动导致的章程修改，无需再经过股东会表决。
第一百五十三条 　　公司章程或者股东会授权董事会决定发行新股的，董事会决议应当经全体董事三分之二以上通过。		本条为新增内容，是关于授权资本制下的董事会决议程序的规定。 　　根据本法第一百二十四条的规定，董事会作出决议，应当经全体董事的过半数通过。发行新股属于重大的特殊事项，因此应当经全体董事三分之二以上通过。

2023 年《公司法》	2018 年《公司法》	释　义
第一百五十四条 公司向社会公开募集股份，应当经国务院证券监督管理机构**注册**，公告招股说明书。 招股说明书应当附有公司章程，并载明下列事项： （一）**发行的股份总数**； （二）面额股的票面金额和发行价格或者无面额股的发行价格； （三）募集资金的用途； （四）认股人的权利和义务； （五）**股份种类及其权利和义务**； （六）本次募股的起止日期及逾期未募足时认股人可以撤回所认股份的说明。 **公司设立时发行股份的，还应当载明发起人认购的股份数。**	**第八十五条** 发起人向社会公开募集股份，必须公告招股说明书，并制作认股书。认股书应当载明本法第八十六条所列事项，由认股人填写认购股数、金额、住所，并签名、盖章。认股人按照所认购股数缴纳股款。 **第八十六条** 招股说明书应当附有发起人制订的公司章程，并载明下列事项： （一）发起人认购的股份数； （二）每股的票面金额和发行价格； （三）无记名股票的发行总数； （四）募集资金的用途； （五）认股人的权利、义务； （六）本次募股的起止期限及逾期未募足时认股人可以撤回所认股份的说明。	本条是关于招股说明书的规定，由旧法第八十五条、第八十六条修改而来。 公司向社会募集股份，应当向社会公开说明募集股份的具体情况，包括募集主体信息、募集股份额度、资金投向等相关信息，以便投资人了解和决策。因本法第一百条规定了旧法第八十五条的部分内容，因此本条规定删除了"认股书"的相关内容。 为了配合股票发行全面注册制的推行，本条新增规定，"公司向社会公开募集股份，应当经国务院证券监督管理机构注册"。
第一百五十五条 公司向社会公开募集股份，应当由依法设立的证券公司承销，签订承销协议。	**第八十七条** 发起人向社会公开募集股份，应当由依法设立的证券公司承销，签订承销协议。	本条是关于股份募集承销方式的规定，由旧法第八十七条微调而来。 本次修改将"发起人"修改为"公司"，用词更为准确、规范。

2023 年《公司法》	2018 年《公司法》	释　义
第一百五十六条 公司向社会公开募集股份，应当同银行签订代收股款协议。 　　代收股款的银行应当按照协议代收和保存股款，向缴纳股款的认股人出具收款单据，并负有向有关部门出具收款证明的义务。 　　公司发行**股份**募足股款后，**应予公告。**	**第八十八条**　发起人向社会公开募集股份，应当同银行签订代收股款协议。 　　代收股款的银行应当按照协议代收和保存股款，向缴纳股款的认股人出具收款单据，并负有向有关部门出具收款证明的义务。 　　**第一百三十六条** 公司发行新股募足股款后，必须向公司登记机关办理变更登记，并公告。	本条为公司募集股份股款代收的规定，由旧法第八十八条、第一百三十六条整合、微调而来。 　　为了保证资金安全和公司募集股份的顺利进行，公司应当委托银行代收股款，法律同时对银行设定了相关义务。
第二节　股份转让	**第二节　股份转让**	
第一百五十七条 股份有限公司的股东持有的股份可以向其他股东转让，也可以向股东以外的人转让；公司章程对股份转让有限制的，其转让按照公司章程的规定进行。	**第一百三十七条** 股东持有的股份可以依法转让。	本条是对股份转让的原则性规定，由旧法第一百三十七条修改而来。 　　从法理上说，与有限责任公司相比，股份有限公司资合性较强、人合性较弱。有限责任公司由于其人合性，股权转让受到一定限制，而股份有限公司的股份则可以自由转让。 　　本次修法将原有的"股份可以依法转让"进一步细化为"股份有限公司的股东持有的股份可以向其他股东转让，也可以向股东以外的人转让"。

2023 年《公司法》	2018 年《公司法》	释　义
		本次修法新增的第一百四十四条规定了转让受限的类别股，因此本条增加规定："公司章程对股份转让有限制的，其转让按照公司章程的规定进行。"
第一百五十八条 股东转让其股份，应当在依法设立的证券交易场所进行或者按照国务院规定的其他方式进行。	**第一百三十八条** 股东转让其股份，应当在依法设立的证券交易场所进行或者按照国务院规定的其他方式进行。	本条是关于股份转让场所的规定，由旧法第一百三十八条平移至此。 　　股份有限公司的股份可以自由转让，普通公司股份的转让对象也没有限制。因此，股份转让应当在一个面向社会的公开的市场进行。一般而言，股份转让的"证券交易场所"包括场内交易和场外交易，场内交易主要指上交所、深交所与北交所等国家设立的证券交易所，场外交易一般指各地设立的供非上市股份有限公司股票交易的特定场所。
第一百五十九条 **股票的转让**，由股东以背书方式或者法律、行政法规规定的其他方式进行；转让后由公司将受让人的姓名或者名称及住所记载于股东名册。 　　**股东会会议**召开前二十日内或者公司决定分配股利的基准日前五	**第一百三十九条** 记名股票，由股东以背书方式或者法律、行政法规规定的其他方式转让；转让后由公司将受让人的姓名或者名称及住所记载于股东名册。 　　股东大会召开前二十日内或者公司决定分配股利的基准日前五日内，不得进行前款规定	本条是关于股票转让方式的规定，由旧法第一百三十九条微调而来。 　　本次修法已明确股份有限公司发行的股票"应当为记名股票"，因此，本条就没必要再强调股票为记名股票。

2023 年《公司法》	2018 年《公司法》	释　　义
日内，不得**变更股东名册**。法律、**行政法规或者国务院证券监督管理机构**对上市公司股东名册变更另有规定的，从其规定。	的股东名册的变更登记。但是，法律对上市公司股东名册变更登记另有规定的，从其规定。	
第一百六十条　公司公开发行股份前已发行的股份，自公司股票在证券交易所上市交易之日起一年内不得转让。**法律、行政法规或者国务院证券监督管理机构对上市公司的股东、实际控制人转让其所持有的本公司股份另有规定的，从其规定。**公司董事、监事、高级管理人员应当向公司申报所持有的本公司的股份及其变动情况，**在就任时确定的任职期**间每年转让的股份不得超过其所持有本公司股份总数的百分之二十五；所持本公司股份自公司股票上市交易之日起一年内不得转让。上述人员离职后半年内，不得转让其所持有的本公司股份。公司章程可以对公司董事、监事、高级管理人员转让其所	**第一百四十一条**　发起人持有的本公司股份，自公司成立之日起一年内不得转让。公司公开发行股份前已发行的股份，自公司股票在证券交易所上市交易之日起一年内不得转让。公司董事、监事、高级管理人员应当向公司申报所持有的本公司的股份及其变动情况，在任职期间每年转让的股份不得超过其所持有本公司股份总数的百分之二十五；所持本公司股份自公司股票上市交易之日起一年内不得转让。上述人员离职后半年内，不得转让其所持有的本公司股份。公司章程可以对公司董事、监事、高级管理人员转让其所持有的本公司股份作出其他限制性规定。	本条是关于股份有限公司股份转让限制的规定，由旧法第一百四十一条修改而来。　为了保障公司的稳定性和连续性，特别是为了保护处于信息劣势的中小股东，增强投资者的信心，法律应当对特定股份的转让设置一定的限制规则。　一是公开发行股份前已发行的股份，自公司股票在证券交易所上市交易之日起一年内不得转让。　二是控股股东、实际控制人的股份转让还要受到《证券法》以及监管措施的限制。　三是董事、监事、高级管理人员持有本公司股份转让的限制。　四是股份质权人行使质权的限制。

2023 年《公司法》	2018 年《公司法》	释 义
持有的本公司股份作出其他限制性规定。 股份在法律、行政法规规定的限制转让期限内出质的，质权人不得在限制转让期限内行使质权。		
第一百六十一条 有下列情形之一的，对股东会该项决议投反对票的股东可以请求公司按照合理的价格收购其股份，公开发行股份的公司除外： （一）公司连续五年不向股东分配利润，而公司该五年连续盈利，并且符合本法规定的分配利润条件； （二）公司转让主要财产； （三）公司章程规定的营业期限届满或者章程规定的其他解散事由出现，股东会通过决议修改章程使公司存续。 自股东会决议作出之日起六十日内，股东与公司不能达成股份收购协议的，股东可以自股东会决议作出之日起九十日内向人民法院提		本条是关于股份有限公司异议股东回购请求权的规定，为本次修法新增内容。 旧法第七十四条规定了有限责任公司的异议股东回购请求权。本次修法将其调整后扩大适用到股份有限公司。 与有限责任公司的异议股东回购请求权相比，本条删除了对"公司合并、分立"事项异议的情形，这主要是考虑到股份有限公司的人合性较弱、资合性较强，在股份自由转让的原则下，公司合并、分立并不会直接侵害异议股东的权益。

2023 年《公司法》	2018 年《公司法》	释　　义
起诉讼。 　　公司因本条第一款规定的情形收购的本公司股份，应当在六个月内依法转让或者注销。		
第一百六十二条 公司不得收购本公司股份。但是，有下列情形之一的除外： 　　（一）减少公司注册资本； 　　（二）与持有本公司股份的其他公司合并； 　　（三）将股份用于员工持股计划或者股权激励； 　　（四）股东因对**股东会**作出的公司合并、分立决议持异议，要求公司收购其股份； 　　（五）将股份用于**转换公司**发行的可转换为股票的公司债券； 　　（六）上市公司为维护公司价值及股东权益所必需。 　　公司因前款第一项、第二项规定的情形收购本公司股份的，应当经**股东会**决议；公司因前款第三项、第五项、第六项规定的情形	**第一百四十二条** 公司不得收购本公司股份。但是，有下列情形之一的除外： 　　（一）减少公司注册资本； 　　（二）与持有本公司股份的其他公司合并； 　　（三）将股份用于员工持股计划或者股权激励； 　　（四）股东因对股东大会作出的公司合并、分立决议持异议，要求公司收购其股份； 　　（五）将股份用于转换上市公司发行的可转换为股票的公司债券； 　　（六）上市公司为维护公司价值及股东权益所必需。 　　公司因前款第（一）项、第（二）项规定的情形收购本公司股份的，应当经股东大会决议；公司因前款第	本条是对股份公司收购本公司股份的限制性规定，由旧法第一百四十二条微调而来。 　　公司收购自己的股份，成为自己的股东，易造成人格混同，因此，一般应予禁止。在特定情况下不得不收购的，也必须在完成特定事项的一定时间内注销或者转让该股份，以保证公司与股东的人格相互独立。

2023 年《公司法》	2018 年《公司法》	释　义
收购本公司股份的，可以按照公司章程或者**股东会**的授权，经三分之二以上董事出席的董事会会议决议。 公司依照本条第一款规定收购本公司股份后，属于第一项情形的，应当自收购之日起十日内注销；属于第二项、第四项情形的，应当在六个月内转让或者注销；属于第三项、第五项、第六项情形的，公司合计持有的本公司股份数不得超过本公司已发行股份**总数**的百分之十，并应当在三年内转让或者注销。 上市公司收购本公司股份的，应当依照《中华人民共和国证券法》的规定履行信息披露义务。上市公司因本条第一款第三项、第五项、第六项规定的情形收购本公司股份的，应当通过公开的集中交易方式进行。 公司不得接受本公司的**股份**作为**质权**的标的。	（三）项、第（五）项、第（六）项规定的情形收购本公司股份的，可以依照公司章程的规定或者股东大会的授权，经三分之二以上董事出席的董事会会议决议。 公司依照本条第一款规定收购本公司股份后，属于第（一）项情形的，应当自收购之日起十日内注销；属于第（二）项、第（四）项情形的，应当在六个月内转让或者注销；属于第（三）项、第（五）项、第（六）项情形的，公司合计持有的本公司股份数不得超过本公司已发行股份总额的百分之十，并应当在三年内转让或者注销。 上市公司收购本公司股份的，应当依照《中华人民共和国证券法》的规定履行信息披露义务。上市公司因本条第一款第（三）项、第（五）项、第（六）项规定的情形收购本公司股份的，应当	

2023 年《公司法》	2018 年《公司法》	释　义
	通过公开的集中交易方式进行。 　　公司不得接受本公司的股票作为质押权的标的。	
第一百六十三条　公司不得为他人取得本公司或者其母公司的股份提供赠与、借款、担保以及其他财务资助，公司实施员工持股计划的除外。 　　为公司利益，经股东会决议，或者董事会按照公司章程或者股东会的授权作出决议，公司可以为他人取得本公司或者其母公司的股份提供财务资助，但财务资助的累计总额不得超过已发行股本总额的百分之十。董事会作出决议应当经全体董事的三分之二以上通过。 　　违反前两款规定，给公司造成损失的，负有责任的董事、监事、高级管理人员应当承担赔偿责任。		本条为新增内容，是关于禁止对取得本公司股份予以财务资助的规定。 　　禁止为他人取得本公司股份提供财务资助，主要是从资本维持的角度考虑，保证公司资本的真实性，防止虚假出资、利益输送等不法行为侵害公司、股东乃至债权人的利益。 　　例外情况是，如果为了公司的整体利益，经过特殊程序，应当允许一定范围内的财务资助。本条规定了两种例外情形：一是公司实施员工持股计划的；二是其他为了公司利益的。

2023 年《公司法》	2018 年《公司法》	释　义
第一百六十四条 股票被盗、遗失或者灭失，股东可以依照《中华人民共和国民事诉讼法》规定的公示催告程序，请求人民法院宣告该股票失效。人民法院宣告该股票失效后，股东可以向公司申请补发股票。	**第一百四十三条** 记名股票被盗、遗失或者灭失，股东可以依照《中华人民共和国民事诉讼法》规定的公示催告程序，请求人民法院宣告该股票失效。人民法院宣告该股票失效后，股东可以向公司申请补发股票。	本条是关于股票消灭的处理规定，由旧法第一百四十三条微调而来。 　　本次修法取消了无记名股票的规定，再强调"记名股票"没有实际意义，因此删除"记名"二字。 　　公示催告是我国《民事诉讼法》规定的票据除权程序，以保障股东及其他利害关系人的合法权益。
第一百六十五条 上市公司的股票，依照有关法律、行政法规及证券交易所交易规则上市交易。	**第一百四十四条** 上市公司的股票，依照有关法律、行政法规及证券交易所交易规则上市交易。	本条是关于上市公司股票交易的原则性规定，由旧法第一百四十四条平移至此。
第一百六十六条 上市公司**应当**依照法律、行政法规的规定披露相关信息。	**第一百四十五条** 上市公司必须依照法律、行政法规的规定，公开其财务状况、经营情况及重大诉讼，在每会计年度内半年公布一次财务会计报告。	本条是对上市公司信息披露的原则性要求，由旧法第一百四十五条修改而来。 　　2019 年修订的《证券法》全面推行股票上市注册制，信息披露成为制度设计的核心，将原第三章第三节"持续信息公开"上升为独立的第五章"信息披露"。本条修改也相应地将较为具体、详细的公开规则修改为原则性的"上市公司应当依照法律、行政法规的规定披露相关信息"，具体披露要求依照《证券法》及其相关监管规则处理。

2023 年《公司法》	2018 年《公司法》	释　义
第一百六十七条 自然人股东死亡后，其合法继承人可以继承股东资格；但是，股份转让受限的股份有限公司的章程另有规定的除外。		本条为新增内容，是关于股份有限公司股份继承的规定。 　股份有限公司的股份可以自由转让，继承更不应有任何障碍。但是，因为本次修法增加了股份转让受限的类别股的规定，所以本条也相应地规定"股份转让受限的股份有限公司的章程另有规定的除外"。

2023 年《公司法》	2018 年《公司法》	释　义
第七章　国家出资公司组织机构的特别规定	第二章　有限责任公司的设立和组织机构 第四节　国有独资公司的特别规定	本次修法将旧法的"国有独资公司的特别规定"上升为独立成章的"国家出资公司组织机构的特别规定"，扩大了国有公司的适用范围，加强了国有资本在《公司法》中的法律地位。
第一百六十八条　国家出资公司的组织机构，适用本章规定；本章没有规定的，适用本法其他规定。 　　本法所称国家出资公司，是指国家出资的国有独资公司、国有资本控股公司，包括国家出资的有限责任公司、股份有限公司。	第六十四条　国有独资公司的设立和组织机构，适用本节规定；本节没有规定的，适用本章第一节、第二节的规定。 　　本法所称国有独资公司，是指国家单独出资、由国务院或者地方人民政府授权本级人民政府国有资产监督管理机构履行出资人职责的有限责任公司。	本条是关于国家出资公司的组织机构适用规则以及国家出资公司含义的规定，由旧法第六十四条修改而来。 　　本次修法将国有独资公司扩大到国家出资公司。《企业国有资产法》第五条规定："本法所称国家出资企业，是指国家出资的国有独资企业、国有独资公司，以及国有资本控股公司、国有资本参股公司。"本条在此基础上略作调整，没有将"国有资本参股公司"规定进去。
第一百六十九条　国家出资公司，由国务院或者地方人民政府分别代表国家依法履行出资人职责，享有出资人权益。国务院或者地方人民政府可以授权国有资产监督管理机构或者其他部门、机构代表本级人民政府对国家出资		本条为新增内容，是关于国家出资公司出资人的规定。 　　为了解决国家出资公司"股东缺位"的问题，本条规定了国务院或者地方人民政府依法履行出资人职责，它们也可以将该职责授权国有资产监督管理机构或者其他部门、机构行使。本条吸

2023 年《公司法》	2018 年《公司法》	释　义
公司履行出资人职责。 　　代表本级人民政府履行出资人职责的机构、部门，以下统称为履行出资人职责的机构。		纳了《企业国有资产法》第十一条的规定。 关联规定： **《企业国有资产法》** 　　**第十一条**　国务院国有资产监督管理机构和地方人民政府按照国务院的规定设立的国有资产监督管理机构，根据本级人民政府的授权，代表本级人民政府对国家出资企业履行出资人职责。 　　国务院和地方人民政府根据需要，可以授权其他部门、机构代表本级人民政府对国家出资企业履行出资人职责。 　　代表本级人民政府履行出资人职责的机构、部门，以下统称履行出资人职责的机构。
第一百七十条　国家出资公司中中国共产党的组织，按照中国共产党章程的规定发挥领导作用，研究讨论公司重大经营管理事项，支持公司的组织机构依法行使职权。		本条为新增内容，是关于国家出资公司中中国共产党组织活动的规定。
第一百七十一条　国有独资公司章程**由履行出资人职责的机构制定**。	**第六十五条**　国有独资公司章程由国有资产监督管理机构制定，或者由董事会制订报国	本条是关于国有独资公司章程制定的规定，由旧法第六十五条修改而来。 　　公司章程由股东制定，

2023 年《公司法》	2018 年《公司法》	释　　义
	有资产监督管理机构批准。	因而国有独资公司的章程应由履行出资人职责的机构制定。本次修法删除了国有独资公司董事会制订、国有资产监管管理机构批准章程的规定。
第一百七十二条 国有独资公司不设股东会，由**履行出资人职责的机构**行使股东会职权。**履行出资人职责的机构**可以授权公司董事会行使股东会的部分职权，**但公司章程的制定和修改**，公司的合并、分立、解散、**申请破产**，增加或者减少注册资本，**分配利润**，应当由**履行出资人职责的机构**决定。	**第六十六条**　国有独资公司不设股东会，由国有资产监督管理机构行使股东会职权。国有资产监督管理机构可以授权公司董事会行使股东会的部分职权，决定公司的重大事项，但公司的合并、分立、解散、增加或者减少注册资本和发行公司债券，必须由国有资产监督管理机构决定；其中，重要的国有独资公司合并、分立、解散、申请破产的，应当由国有资产监督管理机构审核后，报本级人民政府批准。 前款所称重要的国有独资公司，按照国务院的规定确定。	本条是关于国有独资公司不设股东会以及重大事项决策机制的规定，由旧法第六十六条修改而来。 本次修订变化如下： 一是明确由履行出资人职责的机构行使股东会职权。 二是将"发行公司债券"从出资人授权董事会的职权范围中剔除。 三是删除关于重要的国有独资公司的相关规定。
第一百七十三条 国有独资公司的董事会依照本法规定行使职权。 　　国有独资公司的董	**第六十七条**　国有独资公司设董事会，依照本法第四十六条、第六十六条的规定行使职权。董事每届任期不得	本条是关于国有独资公司董事会运作与构成的规定，由旧法第六十七条修改而来。 本条第二款增加了"外

2023 年《公司法》	2018 年《公司法》	释　　义
事会成员中，应当过半数为外部董事，并应当有公司职工代表。 董事会成员由**履行出资人职责的机构**委派；但是，董事会成员中的职工代表由公司职工代表大会选举产生。 董事会设董事长一人，可以设副董事长。董事长、副董事长由**履行出资人职责的机构**从董事会成员中指定。	超过三年。董事会成员中应当有公司职工代表。 董事会成员由国有资产监督管理机构委派；但是，董事会成员中的职工代表由公司职工代表大会选举产生。 董事会设董事长一人，可以设副董事长。董事长、副董事长由国有资产监督管理机构从董事会成员中指定。	部董事"的规定。所谓外部董事，是指与公司没有聘用关系或劳动关系的董事，其范围大于独立董事，比如股权董事。
第一百七十四条国有独资公司的经理由董事会聘任或者解聘。 **经履行出资人职责的机构同意，董事会成员可以兼任经理。**	**第六十八条**　国有独资公司设经理，由董事会聘任或者解聘。经理依照本法第四十九条规定行使职权。 经国有资产监督管理机构同意，董事会成员可以兼任经理。	本条是关于国有独资公司经理的规定，由旧法第六十八条修改而来。 本条内容变化不大，新法删除了旧法关于经理职权的规定，因此，本条相应删除了"经理依照本法第四十九条规定行使职权"的规定。 第二款根据本章的变化，将"国有资产监督管理机构"修改为"履行出资人职责的机构"。
第一百七十五条国有独资公司的董事、高级管理人员，未经**履行出资人职责的机构**同意，不得在其他有限责任公司、股份有限公司或者其他经济组织兼职。	**第六十九条**　国有独资公司的董事长、副董事长、董事、高级管理人员，未经国有资产监督管理机构同意，不得在其他有限责任公司、股份有限公司或者其他经济组织兼职。	本条是关于国有独资公司董事、高管兼职禁止的规定，由旧法第六十九条微调而来。 董事长、副董事长首先要具备董事身份，因此，本次修改删除了"董事长、副董事长"，仅保留"董事"。

2023 年《公司法》	2018 年《公司法》	释　　义
		为了保障国有独资公司的董事、高管尽职尽责地完成本职工作，本条禁止其在其他企业兼职。同时，考虑到特殊情况，如在下属子公司兼任董事长、总经理等，本条规定了"经履行出资人职责的机构同意"的例外情况。
第一百七十六条　国有独资公司在董事会中设置由董事组成的审计委员会行使本法规定的监事会职权的，不设监事会或者监事。		本条为新增内容，是关于国有独资公司审计委员会的规定。 　　实践中，国有独资公司的监事会普遍存在监督不力、监督缺位等问题。近年来，国家相关部门推动国有企业法人治理结构的完善，其重要举措之一就是取消监事会或者监事，在董事会中设置由董事组成的审计委员会，行使旧法规定的监事会职权。 关联规定： **《国务院办公厅关于进一步完善国有企业法人治理结构的指导意见》** 　　董事会应当设立提名委员会、薪酬与考核委员会、审计委员会等专门委员会，为董事会决策提供咨询，其中薪酬与考核委员会、审计委员会应由外部董事组成。

2023 年《公司法》	2018 年《公司法》	释　　义
第一百七十七条　国家出资公司应当依法建立健全内部监督管理和风险控制制度，加强内部合规管理。		本条为新增内容，是对国家出资公司合规管理的原则性要求。 　　近年来，国务院以及各级政府高度重视国有企业合规问题，发布了不同层次的合规法律文件。如国资委颁发的《中央企业合规管理指引（试行）》。本条是顺应这一要求而增加的。

2023 年《公司法》	2018 年《公司法》	释　义
第八章　公司董事、监事、高级管理人员的资格和义务	**第六章　公司董事、监事、高级管理人员的资格和义务**	
第一百七十八条　有下列情形之一的，不得担任公司的董事、监事、高级管理人员： （一）无民事行为能力或者限制民事行为能力； （二）因贪污、贿赂、侵占财产、挪用财产或者破坏社会主义市场经济秩序，被判处刑罚，或者因犯罪被剥夺政治权利，执行期满未逾五年，**被宣告缓刑的，自缓刑考验期满之日起未逾二年**； （三）担任破产清算的公司、企业的董事或者厂长、经理，对该公司、企业的破产负有个人责任的，自该公司、企业破产清算完结之日起未逾三年； （四）担任因违法被吊销营业执照、责令关闭的公司、企业的法定代表人，并负有个人责任的，自该公司、企业被吊销营业执照、**责**	**第一百四十六条**　有下列情形之一的，不得担任公司的董事、监事、高级管理人员： （一）无民事行为能力或者限制民事行为能力； （二）因贪污、贿赂、侵占财产、挪用财产或者破坏社会主义市场经济秩序，被判处刑罚，执行期满未逾五年，或者因犯罪被剥夺政治权利，执行期满未逾五年； （三）担任破产清算的公司、企业的董事或者厂长、经理，对该公司、企业的破产负有个人责任的，自该公司、企业破产清算完结之日起未逾三年； （四）担任因违法被吊销营业执照、责令关闭的公司、企业的法定代表人，并负有个人责任的，自该公司、企业被吊销营业执照之日起未逾三年；	本条是关于公司董事、监事、高级管理人员任职消极资格的规定，由旧法第一百四十六条修改而来。 本条主要内容变动不大，仅有以下三处细微修改： 一是在第一款第二项增加"被宣告缓刑的，自缓刑考验期满之日起未逾二年"的规定。 二是第一款第四项增加"责令关闭"，使内容更完善。 三是第一款第五项个人因所负数额较大债务到期未清偿的增加"被人民法院列为失信被执行人"的条件。

2023 年《公司法》	2018 年《公司法》	释　义
令关闭之日起未逾三年； （五）个人因所负数额较大债务到期未清偿被人民法院列为失信被执行人。 违反前款规定选举、委派董事、监事或者聘任高级管理人员的，该选举、委派或者聘任无效。 董事、监事、高级管理人员在任职期间出现本条第一款所列情形的，公司应当解除其职务。	（五）个人所负数额较大的债务到期未清偿。 公司违反前款规定选举、委派董事、监事或者聘任高级管理人员的，该选举、委派或者聘任无效。 董事、监事、高级管理人员在任职期间出现本条第一款所列情形的，公司应当解除其职务。	
第一百七十九条 董事、监事、高级管理人员应当遵守法律、行政法规和公司章程。	**第一百四十七条第一款**　董事、监事、高级管理人员应当遵守法律、行政法规和公司章程，对公司负有忠实义务和勤勉义务。	本条是关于董事、监事、高级管理人员遵纪守法的原则性规定，由旧法第一百四十七条第一款前半句话平移至此。 遵纪守法是所有主体的义务，无需特别强调。本法第五条也规定了章程的约束力。因此，从作用上看，本条只是对第五条的强调。
第一百八十条　董事、监事、高级管理人员对公司负有忠实义务，应当采取措施避免自身利益与公司利益冲突，不得利用职权牟取不正当利益。	**第一百四十七条第一款**　董事、监事、高级管理人员应当遵守法律、行政法规和公司章程，对公司负有忠实义务和勤勉义务。	本条是关于董事、监事、高级管理人员以及控股股东、实际控制人等忠实义务与勤勉义务的规定，由旧法第一百四十七条第一款修改而来。 旧法对忠实义务和勤勉

2023 年《公司法》	2018 年《公司法》	释　　义
董事、监事、高级管理人员对公司负有勤勉义务，执行职务应当为公司的最大利益尽到管理者通常应有的合理注意。 　　公司的控股股东、实际控制人不担任公司董事但实际执行公司事务的，适用前两款规定。		义务只是作了原则性规定，本次修法明确了何谓忠实义务和勤勉义务。忠实义务和勤勉义务的上位概念是信义义务，来源于信托法上的受托人义务。忠实义务要求义务人恪尽职守，勤勉义务要求义务人为了公司利益最大化履职。 　　当控股股东和实际控制人执行公司事务时，意味着其也是公司的受托人。因此，本条第三款将其也列为忠实义务和勤勉义务的义务人。
第一百八十一条 董事、监事、高级管理人员不得有下列行为： 　　（一）**侵占公司财产**、挪用公司资金； 　　（二）将公司资金以其个人名义或者以其他个人名义开立账户存储； 　　（三）**利用职权贿赂或者收受其他非法收入**； 　　（四）接受他人与公司交易的佣金归为己有； 　　（五）擅自披露公司秘密； 　　（六）违反对公司	**第一百四十八条** 董事、高级管理人员不得有下列行为： 　　（一）挪用公司资金； 　　（二）将公司资金以其个人名义或者以其他个人名义开立账户存储； 　　（三）违反公司章程的规定，未经股东会、股东大会或者董事会同意，将公司资金借贷给他人或者以公司财产为他人提供担保； 　　（四）违反公司章程的规定或者未经股东会、股东大会同意，与	本条是关于董事、监事、高级管理人员禁止行为的规定，由旧法第一百四十八条修改而来。 　　本条的主要变化如下： 　　一是将义务主体范围由董事、高级管理人员扩大到监事。 　　二是将旧法第一百四十七条第二款简化为本条第一项"侵占公司财产"。 　　三是增加禁止利用职权收受贿赂或者其他收入的规定。 　　旧法第一款的其他规定修改后调整至新法其他法条，旧法第二款关于"归入权"的规定，调整为新法的

2023 年《公司法》	2018 年《公司法》	释　义
忠实义务的其他行为。	本公司订立合同或者进行交易； 　（五）未经股东会或者股东大会同意，利用职务便利为自己或者他人谋取属于公司的商业机会，自营或者为他人经营与所任职公司同类的业务； 　（六）接受他人与公司交易的佣金归为己有； 　（七）擅自披露公司秘密； 　（八）违反对公司忠实义务的其他行为。 　董事、高级管理人员违反前款规定所得的收入应当归公司所有。	第一百八十七条。
第一百八十二条　董事、监事、高级管理人员，直接或者间接与本公司订立合同或者进行交易，应当就与订立合同或者进行交易有关的事项向董事会或者股东会报告，并按照公司章程的规定经董事会或者股东会决议通过。 　董事、监事、高级管理人员的近亲属，董事、监事、高级管理人员或者其近亲属直接或	第一百四十八条第一款　董事、高级管理人员不得有下列行为： 　…… 　（四）违反公司章程的规定或者未经股东会、股东大会同意，与本公司订立合同或者进行交易； 　……	本条是关于董事、监事、高级管理人员关联交易的限制性规定，由旧法第一百四十八条第一款第四项修改而来。 　董事、监事、高级管理人员与公司的关联交易存在道德风险，但也并未被绝对禁止。公司董事会或者股东会决议通过的、不损害公司利益的关联交易可以进行，但必须经过特定程序批准。 　本条细化了旧法规定，将监事纳入调整主体的范围，

2023 年《公司法》	2018 年《公司法》	释　义
者间接控制的企业，以及与董事、监事、高级管理人员有其他关联关系的关联人，与公司订立合同或者进行交易，适用前款规定。		对董事、监事、高级管理人员设定对相关关联交易进行报告的义务。公司有关机关对是否允许该类交易有决定权。
第一百八十三条　董事、监事、高级管理人员，不得利用职务便利为自己或者他人谋取属于公司的商业机会。但是，有下列情形之一的除外： 　　（一）向董事会或者股东会报告，并按照公司章程的规定经董事会或者股东会决议通过； 　　（二）根据法律、行政法规或者公司章程的规定，公司不能利用该商业机会。	第一百四十八条第一款　董事、高级管理人员不得有下列行为： 　　…… 　　（五）未经股东会或者股东大会同意，利用职务便利为自己或者他人谋取属于公司的商业机会，自营或者为他人经营与所任职公司同类的业务； 　　……	本条规定的是公司机会规则，由旧法第一百四十八条第一款第五项修改而来。 　　公司机会规则源于英美法，是指禁止董事、监事、高级管理人员利用本属于公司的商业机会为自己或他人牟取私利。公司机会规则属于董事、监事、高级管理人员忠实义务的范畴。 　　与前几条禁止性规定一样，本条也将监事纳入调整主体的范围。同时，规定了两种类型的例外情形： 　　第一种是经过公司合法程序批准的，要以不侵害公司利益为原则，既不能是直接侵害公司利益的行为，也不能是使公司期待利益落空的行为。 　　第二种情形根据法律、法规或者公司章程，公司不能利用的商业机会也就不属于公司的商业机会。此时，董事、监事、高级管理人员自然可以利用。

2023 年《公司法》	2018 年《公司法》	释　义
第一百八十四条　董事、监事、高级管理人员未向董事会或者股东会报告，并按照公司章程的规定经董事会或者股东会决议通过，不得自营或者为他人经营与其任职公司同类的业务。	第一百四十八条第一款　董事、高级管理人员不得有下列行为： 　　…… 　　（五）未经股东会或者股东大会同意，利用职务便利为自己或者他人谋取属于公司的商业机会，自营或者为他人经营与所任职公司同类的业务； 　　……	本条是关于董事、监事、高级管理人员竞业禁止的规定，由旧法第一百四十八条第一款第五项修改而来。 　　公司的董事、监事、高级管理人员如果自营或者为他人经营与其任职公司同类的业务，极易诱发道德风险，是违反忠实义务的行为，原则上应该被禁止，除非董事会或者股东会决议同意。
第一百八十五条　董事会对本法第一百八十二条至第一百八十四条规定的事项决议时，关联董事不得参与表决，其表决权不计入表决权总数。出席董事会会议的无关联关系董事人数不足三人的，应当将该事项提交股东会审议。		本条为新增内容，是关于关联董事对相关事项回避表决的规定。 　　关联事项回避是民主决策机制的通用规则。对于本法规定的禁止或者限制董事做出的行为，董事理应回避。如果因此而无法作出有效决议，应该将该事项提交股东会审议。
第一百八十六条　董事、监事、高级管理人员违反本法第一百八十一条至第一百八十四条规定所得的收入应当归公司所有。	第一百四十八条第二款　董事、高级管理人员违反前款规定所得的收入应当归公司所有。	本条是关于公司归入权的规定，由旧法第一百四十八条第二款微调至此，只是在责任主体方面增加了"监事"。 　　所谓公司归入权，是指对于董事、监事、高级管理人员等公司内部人员违反忠实义务的所得，公司有收归自己所有的权利。与旧法相

2023 年《公司法》	2018 年《公司法》	释　　义
		比，本条在董事、高级管理人员的基础上增加监事，同时将其适用扩展到新法的相关规定。
第一百八十七条 股东会要求董事、监事、高级管理人员列席会议的，董事、监事、高级管理人员应当列席并接受股东的质询。	**第一百五十条**　股东会或者股东大会要求董事、监事、高级管理人员列席会议的，董事、监事、高级管理人员应当列席并接受股东的质询。　董事、高级管理人员应当如实向监事会或者不设监事会的有限责任公司的监事提供有关情况和资料，不得妨碍监事会或者监事行使职权。	本条是关于董事、监事、高级管理人员负有列席股东会并接受质询的义务的规定，由旧法第一百五十条修改而来。　严格来讲，董事、监事、高级管理人员产生于股东会并对股东会负责，应股东会要求列席并接受股东质询是董事、监事、高级管理人员的应然义务。　本次修法对监事会制度作了较大修改，旧法第二款也因之而删除。
第一百八十八条 董事、监事、高级管理人员执行职务违反法律、行政法规或者公司章程的规定，给公司造成损失的，应当承担赔偿责任。	**第一百四十九条** 董事、监事、高级管理人员执行公司职务时违反法律、行政法规或者公司章程的规定，给公司造成损失的，应当承担赔偿责任。	本条是关于董事、监事、高级管理人员赔偿责任的规定，由旧法第一百四十九条微调至此。　董事、监事、高级管理人员违反法律、行政法规或者公司章程的行为不属于正当的职务行为，如果因此而给公司造成损失，则构成侵权行为，应当承担相应的赔偿责任。

2023年《公司法》	2018年《公司法》	释　　义
第一百八十九条 董事、高级管理人员有前条规定的情形的，有限责任公司的股东、股份有限公司连续一百八十日以上单独或者合计持有公司百分之一以上股份的股东，可以书面请求监事会向人民法院提起诉讼；监事有前条规定的情形的，前述股东可以书面请求董事会向人民法院提起诉讼。 监事会或者董事会收到前款规定的股东书面请求后拒绝提起诉讼，或者自收到请求之日起三十日内未提起诉讼，或者情况紧急、不立即提起诉讼将会使公司利益受到难以弥补的损害的，前款规定的股东有权为公司利益以自己的名义直接向人民法院提起诉讼。 他人侵犯公司合法权益，给公司造成损失的，本条第一款规定的股东可以依照前两款的规定向人民法院提起诉讼。 **公司全资子公司的董事、监事、高级管理**	**第一百五十一条** 董事、高级管理人员有本法第一百四十九条规定的情形的，有限责任公司的股东、股份有限公司连续一百八十日以上单独或者合计持有公司百分之一以上股份的股东，可以书面请求监事会或者不设监事会的有限责任公司的监事向人民法院提起诉讼；监事有本法第一百四十九条规定的情形的，前述股东可以书面请求董事会或者不设董事会的有限责任公司的执行董事向人民法院提起诉讼。 监事会、不设监事会的有限责任公司的监事，或者董事会、执行董事收到前款规定的股东书面请求后拒绝提起诉讼，或者自收到请求之日起三十日内未提起诉讼，或者情况紧急、不立即提起诉讼将会使公司利益受到难以弥补的损害的，前款规定的股东有权为了公司的利益以自己的名义直接向人民法院提起诉讼。 他人侵犯公司合法	本条是关于股东代表诉讼的规定，由旧法第一百五十一条修改而来。 股东代表诉讼，是指当董事、监事与高级管理人员违反法律、行政法规和公司章程的规定，侵害公司合法权益时，监事会或者董事会等公司机关怠于履行追偿责任，由适格股东代表公司以自己的名义向侵害人提起诉讼。股东代表诉讼是法定的特殊诉讼类型，诉讼所取得的利益归于公司。 本次修法增加所谓"双重股东代表诉讼"的规定，也就是说，该条款同样适用于股东对公司的全资子公司的董事、监事、高级管理人员的诉讼，因为全资子公司的利益受损直接关系公司自身利益，间接影响公司股东的合法权益。

2023 年《公司法》	2018 年《公司法》	释　　义
人员有前条规定情形，或者他人侵犯公司全资子公司合法权益造成损失的，有限责任公司的股东、股份有限公司连续一百八十日以上单独或者合计持有公司百分之一以上股份的股东，可以依照前三款规定书面请求全资子公司的监事会、董事会向人民法院提起诉讼或者以自己的名义直接向人民法院提起诉讼。	权益，给公司造成损失的，本条第一款规定的股东可以依照前两款的规定向人民法院提起诉讼。	
第一百九十条　董事、高级管理人员违反法律、行政法规或者公司章程的规定，损害股东利益的，股东可以向人民法院提起诉讼。	**第一百五十二条**　董事、高级管理人员违反法律、行政法规或者公司章程的规定，损害股东利益的，股东可以向人民法院提起诉讼。	本条是关于股东直接诉讼的规定，由旧法第一百五十二条平移至此。 董事、高级管理人员违反法律、行政法规或者公司章程，损害股东利益的，属于侵权行为的范畴，被侵害的股东当然有权依法向侵害人请求赔偿。
第一百九十一条　董事、高级管理人员执行职务，给他人造成损害的，公司应当承担赔偿责任；董事、高级管理人员存在故意或者重大过失的，也应当承担赔偿责任。		本条为新增内容，是关于董事、高级管理人员对第三人赔偿责任的规定。 董事、高级管理人员执行职务的行为后果应由公司承担，如因此给他人造成损害的，公司理应承担赔偿责任。如果行为人存在故意或者重大过失，就不再属于职

2023 年《公司法》	2018 年《公司法》	释　　义
		务行为，应当自己对该行为后果负责。本条规定的是"也应当承担赔偿责任"，从该条的文义来看，应当是与公司承担连带赔偿责任。 关联规定： 《民法典》 　　第一千一百九十一条第一款　用人单位的工作人员因执行工作任务造成他人损害的，由用人单位承担侵权责任。用人单位承担侵权责任后，可以向有故意或者重大过失的工作人员追偿。
第一百九十二条　公司的控股股东、实际控制人指示董事、高级管理人员从事损害公司或者股东利益的行为的，与该董事、高级管理人员承担连带责任。		本条为新增内容，是关于控股股东、实际控制人对董事、高级管理人员的侵权行为承担连带责任的规定。 　　本条为《民法典》第一千一百六十九条在《公司法》中的具体体现，指示他人实施侵权行为的，应当与行为人承担连带责任。 关联规定： 《民法典》 　　第一千一百六十九条第一款　教唆、帮助他人实施侵权行为的，应当与行为人承担连带责任。

2023 年《公司法》	2018 年《公司法》	释　　义
第一百九十三条 公司可以在董事任职期间为董事因执行公司职务承担的赔偿责任投保责任保险。 公司为董事投保责任保险或者续保后，董事会应当向股东会报告责任保险的投保金额、承保范围及保险费率等内容。		本条为新增内容，是关于董事责任保险的规定。 现代保险法对特殊的职业群体设置责任保险是国际通用做法。职业责任保险是保险公司对某些特殊群体因执行职务行为而引发的赔偿责任设置的险种。 我国的董事责任保险最早在上市公司独立董事中开始推行，本次修法将其作为一种选择性规则扩大到所有公司董事。

2023 年《公司法》	2018 年《公司法》	释　　义
第九章　公司债券	**第七章　公司债券**	
第一百九十四条 本法所称公司债券，是指公司发行的约定按期还本付息的有价证券。 **公司债券可以公开发行，也可以非公开发行。** 公司债券的发行和**交易**应当符合《中华人民共和国证券法》**等法律、行政法规**的规定。	**第一百五十三条** 本法所称公司债券，是指公司依照法定程序发行、约定在一定期限还本付息的有价证券。 公司发行公司债券应当符合《中华人民共和国证券法》规定的发行条件。	本条是关于公司债券的定义和发行的规定，由旧法第一百五十三条修改而来。 本条的主要变动是增加了第二款，明确公司债券的发行方式，既可以是公开发行，也可以是非公开发行。 债券的非公开发行也被称为私募债券或者定向募集债券。与公开发行相比，债券非公开发行的投资主体特定为"合格投资者"，不存在不确定的、潜在的投资者，对其信息披露义务要求较低。
第一百九十五条 **公开**发行公司债券，应当经**国务院证券监督管理机构注册**，公告公司债券募集办法。 公司债券募集办法应当载明下列主要事项： （一）公司名称； （二）债券募集资金的用途； （三）债券总额和债券的票面金额； （四）债券利率的确定方式； （五）还本付息的期限和方式；	**第一百五十四条** 发行公司债券的申请经国务院授权的部门核准后，应当公告公司债券募集办法。 公司债券募集办法中应当载明下列主要事项： （一）公司名称； （二）债券募集资金的用途； （三）债券总额和债券的票面金额； （四）债券利率的确定方式； （五）还本付息的期限和方式；	本条是关于公司债券募集办法的规定，由旧法第一百五十四条微调而来。 2019 年修订的《证券法》全面推行包括公司债券在内的证券发行注册制，本条因此将原法中的"核准"修改为"注册"。本条关于公司债券募集办法应当载明主要事项的内容没有变化。

2023 年《公司法》	2018 年《公司法》	释　　义
（六）债券担保情况； （七）债券的发行价格、发行的起止日期； （八）公司净资产额； （九）已发行的尚未到期的公司债券总额； （十）公司债券的承销机构。	（六）债券担保情况； （七）债券的发行价格、发行的起止日期； （八）公司净资产额； （九）已发行的尚未到期的公司债券总额； （十）公司债券的承销机构。	
第一百九十六条 公司以**纸面形式**发行公司债券的，**应当**在债券上载明公司名称、债券票面金额、利率、偿还期限等事项，并由法定代表人签名，公司盖章。	**第一百五十五条** 公司以实物券方式发行公司债券的，必须在债券上载明公司名称、债券票面金额、利率、偿还期限等事项，并由法定代表人签名，公司盖章。	本条是关于公司债券载明事项的规定，由旧法第一百五十五条修改而来。 旧法规定的公司债券形式是实物券方式，新法明确为纸面形式，实际上是一回事，表达方式不同而已。
第一百九十七条 公司债券**应当为**记名债券。	**第一百五十六条** 公司债券，可以为记名债券，也可以为无记名债券。	本条是关于公司债券种类的规定，由旧法第一百五十六条修改而来。 本次修法将所有证券统一为记名形式，删除了无记名股票和无记名债券。
第一百九十八条 公司发行公司债券应当置备公司债券**持有人名册**。 发行公司债券的，应当在公司债券**持有人名册**上载明下列事项：	**第一百五十七条** 公司发行公司债券应当置备公司债券存根簿。 发行记名公司债券的，应当在公司债券存根簿上载明下列事项： （一）债券持有人	本条是关于公司债券持有人名册的规定，由旧法第一百五十七条修改而来。 本条的主要变化如下： 一是将公司应当置备"公司债券存根簿"修改为"公司债券持有人名册"。

2023 年《公司法》	2018 年《公司法》	释　　义
（一）债券持有人的姓名或者名称及住所； （二）债券持有人取得债券的日期及债券的编号； （三）债券总额，债券的票面金额、利率、还本付息的期限和方式； （四）债券的发行日期。	的姓名或者名称及住所； （二）债券持有人取得债券的日期及债券的编号； （三）债券总额，债券的票面金额、利率、还本付息的期限和方式； （四）债券的发行日期。 发行无记名公司债券的，应当在公司债券存根簿上载明债券总额、利率、偿还期限和方式、发行日期及债券的编号。	二是删除有关无记名债券的规定。
第一百九十九条 公司债券的登记结算机构应当建立债券登记、存管、付息、兑付等相关制度。	**第一百五十八条** 记名公司债券的登记结算机构应当建立债券登记、存管、付息、兑付等相关制度。	本条是关于公司债券登记结算制度的规定，由旧法第一百五十八条微调而来。 根据《公司债券发行与交易管理办法》第七十六条的规定，发行公司债券并在证券交易场所交易或转让的，应当由中国证券登记结算有限责任公司依法集中统一办理登记结算业务。 本次修法删除了无记名公司债券，再强调"记名"没有必要，因此本条删除了"记名"二字。

2023年《公司法》	2018年《公司法》	释　义
第二百条　公司债券可以转让，转让价格由转让人与受让人约定。 **公司债券的转让应当符合法律、行政法规的规定。**	**第一百五十九条**　公司债券可以转让，转让价格由转让人与受让人约定。 公司债券在证券交易所上市交易的，按照证券交易所的交易规则转让。	本条是关于公司债券转让规则的规定，由旧法第一百五十九条修改而来。 公司债券可以公开发行，也可以非公开发行。公开发行的债券在证券交易所交易。非公开发行公司债券，可以申请在证券交易场所、证券公司柜台转让，也可以在银行间债券市场等场外市场转让。因此，本次修法删除了旧法第二款的内容。
第二百零一条　公司债券由债券持有人以背书方式或者法律、行政法规规定的其他方式转让；转让后由公司将受让人的姓名或者名称及住所记载于公司债券**持有人名册。**	**第一百六十条**　记名公司债券，由债券持有人以背书方式或者法律、行政法规规定的其他方式转让；转让后由公司将受让人的姓名或者名称及住所记载于公司债券存根簿。 无记名公司债券的转让，由债券持有人将该债券交付给受让人后即发生转让的效力。	本条是关于公司债券转让方式的规定，由旧法第一百六十条修改而来。 新法删除了无记名公司债券，本条因之作了相应修改。
第二百零二条　**股份有限公司**经股东会决议，**或者经公司章程、股东会授权由董事会决议，**可以发行可转换为股票的公司债券，并规定具体的转换办法。上市公司发行可转换为股	**第一百六十一条**　上市公司经股东大会决议可以发行可转换为股票的公司债券，并在公司债券募集办法中规定具体的转换办法。上市公司发行可转换为股票的公司债券，应当报国	本条是关于发行可转换为股票的公司债券的规定，由旧法第一百六十一条修改而来。 可转换为股票的公司债券是一种特殊的融资工具，条件达成，公司债券即可转换为股票。本次修法将发行

131

2023 年《公司法》	2018 年《公司法》	释　义
票的公司债券，应当经国务院证券监督管理机构**注册**。 　　发行可转换为股票的公司债券，应当在债券上标明可转换公司债券字样，并在公司债券**持有人名册**上载明可转换公司债券的数额。	务院证券监督管理机构核准。 　　发行可转换为股票的公司债券，应当在债券上标明可转换公司债券字样，并在公司债券存根簿上载明可转换公司债券的数额。	可转换为股票的公司债券的主体由上市公司扩大到股份有限公司。 　　另外，本次修法将决定公司债券发行的主体由股东会扩大到被授权的董事会，因此，发行可转换为股票的公司债券的程序由"股东大会决议"修改为"经股东会决议，或者经公司章程、股东会授权由董事会决议"。 　　根据本法第一百九十五条的规定，本条将旧法中的"核准"相应调整为"注册"。
第二百零三条　发行可转换为股票的公司债券的，公司应当按照其转换办法向债券持有人换发股票，但债券持有人对转换股票或者不转换股票有选择权。**法律、行政法规另有规定的除外**。	**第一百六十二条**　发行可转换为股票的公司债券的，公司应当按照其转换办法向债券持有人换发股票，但债券持有人对转换股票或者不转换股票有选择权。	本条是关于可转换公司债券的公司义务和债券持有人选择权的规定，由旧法第一百六十二条修改而来。 　　可转换为股票的公司债券的转换条件达成时，公司有义务向债券持有人换发股票。当然，债券持有人对是否将公司债券转换为股票有选择权。在特定情况下，监管部门可能强制要求公司将其债券转换为股票。
第二百零四条　公开发行公司债券的，应当为同期债券持有人设立债券持有人会议，并在债券募集办法中对债券持有人会议的召集程		本条为新增内容，是关于公司债券持有人会议的规定。 　　为了保障公司债券持有人的权利，本次修法增设了公司债券持有人会议制度。

2023 年《公司法》	2018 年《公司法》	释　义
序、会议规则和其他重要事项作出规定。债券持有人会议可以对与债券持有人有利害关系的事项作出决议。 　　除公司债券募集办法另有约定外，债券持有人会议决议对同期全体债券持有人发生效力。		全体债券持有人均有权出席公司债券持有人会议，并就影响其权益的相关事项进行表决。 　　本条内容由 2019 年《证券法》第九十二条第一款衍生、扩充而来。 关联规定： **《证券法》** 　　第九十二条第一款　公开发行公司债券的，应当设立债券持有人会议，并应当在募集说明书中说明债券持有人会议的召集程序、会议规则和其他重要事项。
第二百零五条　公开发行公司债券的，发行人应当为债券持有人聘请债券受托管理人，由其为债券持有人办理受领清偿、债权保全、与债券相关的诉讼以及参与债务人破产程序等事项。		本条为新增内容，是关于公司债券受托人管理人的规定。 　　公司债券持有人通常不是专业人士或机构，债券持有人会议也并非常设机构。因此，2019 年《证券法》规定，公司债券发行人应当为债券持有人聘请由债券承销商或者其他专业机构担任的债券受托人管理人，由其从维护债券持有人权益出发处理相关事宜。 关联规定： **《证券法》** 　　第九十二条第二款　公开发行公司债券的，发行人应当为债券持有人聘请债券

2023 年《公司法》	2018 年《公司法》	释　　义
		受托管理人，并订立债券受托管理协议。受托管理人应当由本次发行的承销机构或者其他经国务院证券监督管理机构认可的机构担任，债券持有人会议可以决议变更债券受托管理人。债券受托管理人应当勤勉尽责，公正履行受托管理职责，不得损害债券持有人利益。
第二百零六条　债券受托管理人应当勤勉尽责，公正履行受托管理职责，不得损害债券持有人利益。 　　受托管理人与债券持有人存在利益冲突可能损害债券持有人利益的，债券持有人会议可以决议变更债券受托管理人。 　　债券受托管理人违反法律、行政法规或者债券持有人会议决议，损害债券持有人利益的，应当承担赔偿责任。		本条为新增内容，是关于公司债券受托管理人勤勉、忠实义务的规定。 　　债券受托管理人对委托人负有信义义务，即勤勉义务和忠实义务。 　　本条第一款是关于上述义务的规定。 　　本条第二款是关于债券持有人会议对有利益冲突的债券受托管理人的变更权的规定。 　　本条第三款是关于债券受托人管理人赔偿责任的规定。 关联规定： **《证券法》** 　　**第九十二条第二款**　公开发行公司债券的，发行人应当为债券持有人聘请债券受托管理人，并订立债券受托管理协议。受托管理人应

2023 年《公司法》	2018 年《公司法》	释　义
		当由本次发行的承销机构或者其他经国务院证券监督管理机构认可的机构担任，债券持有人会议可以决议变更债券受托管理人。债券受托管理人应当勤勉尽责，公正履行受托管理职责，不得损害债券持有人利益。

2023 年《公司法》	2018 年《公司法》	释　　义
第十章　公司财务、会计	**第八章　公司财务、会计**	
第二百零七条　公司应当依照法律、行政法规和国务院财政部门的规定建立本公司的财务、会计制度。	**第一百六十三条**　公司应当依照法律、行政法规和国务院财政部门的规定建立本公司的财务、会计制度。	本条是关于公司建立财务、会计制度的规定，由旧法第一百六十三条平移至此。
第二百零八条　公司应当在每一会计年度终了时编制财务会计报告，并依法经会计师事务所审计。 　　财务会计报告应当依照法律、行政法规和国务院财政部门的规定制作。	**第一百六十四条**　公司应当在每一会计年度终了时编制财务会计报告，并依法经会计师事务所审计。 　　财务会计报告应当依照法律、行政法规和国务院财政部门的规定制作。	本条是关于公司编制年度财务会计报告的规定，由旧法第一百六十四条平移至此。
第二百零九条　有限责任公司应当按照公司章程规定的期限将财务会计报告送交各股东。 　　股份有限公司的财务会计报告应当在召开股东会年会的二十日前置备于本公司，供股东查阅；公开发行**股份**的股份有限公司**应当**公告其财务会计报告。	**第一百六十五条**　有限责任公司应当依照公司章程规定的期限将财务会计报告送交各股东。 　　股份有限公司的财务会计报告应当在召开股东大会年会的二十日前置备于本公司，供股东查阅；公开发行股票的股份有限公司必须公告其财务会计报告。	本条是关于公司保障股东对公司财务会计报告知情权义务的规定，由旧法第一百六十五条微调而来。 　　有限责任公司和非上市股份公司的财务会计报告通过送交股东或者置备于公司的方式，保障股东的知情权。上市公司通过公告的方式，保障股东的知情权。 　　本条有两处细微变化： 　　一是将"公开发行股票"修改为"公开发行股份"。 　　二是将"必须"修改为"应当"。

2023 年《公司法》	2018 年《公司法》	释　　义
第二百一十条　公司分配当年税后利润时，应当提取利润的百分之十列入公司法定公积金。公司法定公积金累计额为公司注册资本的百分之五十以上的，可以不再提取。 　　公司的法定公积金不足以弥补以前年度亏损的，在依照前款规定提取法定公积金之前，应当先用当年利润弥补亏损。 　　公司从税后利润中提取法定公积金后，经股东会决议，还可以从税后利润中提取任意公积金。 　　公司弥补亏损和提取公积金后所余税后利润，有限责任公司**按照股东实缴的出资比例分配利润，全体股东约定不按照出资比例分配利润的除外**；股份有限公司按照股东所持有的股份比例分配利润，公司章程另有规定的除外。 　　公司持有的本公司股份不得分配利润。	**第一百六十六条**　公司分配当年税后利润时，应当提取利润的百分之十列入公司法定公积金。公司法定公积金累计额为公司注册资本的百分之五十以上的，可以不再提取。 　　公司的法定公积金不足以弥补以前年度亏损的，在依照前款规定提取法定公积金之前，应当先用当年利润弥补亏损。 　　公司从税后利润中提取法定公积金后，经股东会或者股东大会决议，还可以从税后利润中提取任意公积金。 　　公司弥补亏损和提取公积金后所余税后利润，有限责任公司依照本法第三十四条的规定分配；股份有限公司按照股东持有的股份比例分配，但股份有限公司章程规定不按持股比例分配的除外。 　　股东会、股东大会或者董事会违反前款规定，在公司弥补亏损和提取法定公积金之前向股东分配利润的，股东	本条是关于公司税后分配利润的规定，由旧法第一百六十六条修改而来。 　　公司的税后利润应当先弥补公司以前的亏损，以保障公司的偿债能力与公司资本的稳定性。再依照法律规定提取法定公积金，根据公司股东会决议提取任意公积金，以提高公司的资产信用。最后，剩余利润才能分配给公司股东。利润分配规则原则上根据股东出资比例进行，有限责任公司是按实缴比例或者全体股东约定，股份有限责任公司是按股东持有的股份或者公司章程的规定。 　　公司持有本公司自己的股份不是常态情况，如果向其分配利润，将导致公司与"股东"之间的财产混同和人格混同。因此，这类行为应当被禁止。 　　本次修订将旧法第三十四条关于有限责任公司股东利润分配的规定移至本条第四款。

2023 年《公司法》	2018 年《公司法》	释 义
	必须将违反规定分配的利润退还公司。 公司持有的本公司股份不得分配利润。	
第二百一十一条 公司违反本法规定向股东分配利润的，股东应当将违反规定分配的利润退还公司；**给公司造成损失的，股东及负有责任的董事、监事、高级管理人员应当承担赔偿责任。**	**第一百六十六条第五款** 股东会、股东大会或者董事会违反前款规定，在公司弥补亏损和提取法定公积金之前向股东分配利润的，股东必须将违反规定分配的利润退还公司。	本条是关于公司违法分配利润的法律责任的规定，由旧法第一百六十六条第五款修改而来。 对于税后利润的处理，公司应当根据本法规定，首先用于公司亏损弥补和公积金的提取。违反上述规定而向股东分配利润的，该部分利润属于侵害公司财产的非法所得，理应退回。公司因此而造成损失的，构成侵权行为，责任人当然应当对此承担赔偿责任。
第二百一十二条 股东会作出分配利润的决议的，董事会应当在股东会决议作出之日起六个月内进行分配。		本条为新增内容，是关于董事会落实股东会分配利润决议的义务的规定。 向股东分配利润属于股东会的职权范围，董事会对股东会作出的利润分配方案，负有限期落实的义务。
第二百一十三条 公司以超过股票票面金额的发行价格发行股份所得的溢价款、**发行无面额股所得股款未计入注册资本的金额**以及国务院财政部门规定列入	**第一百六十七条** 股份有限公司以超过股票票面金额的发行价格发行股份所得的溢价款以及国务院财政部门规定列入资本公积金的其他收入，应当列为公司	本条是关于资本公积金来源的规定，由旧法第一百六十七条修改而来。 资本公积金是指由公司资本溢出的财产。本次修法增加了无面额股的规定，因此，本条增加"发行无面额

2023 年《公司法》	2018 年《公司法》	释 义
资本公积金的**其他项目**，应当列为公司资本公积金。	资本公积金。	股所得股款未计入注册资本的金额"的规定。
第二百一十四条 公司的公积金用于弥补公司的亏损、扩大公司生产经营或者转为增加公司**注册**资本。 公积金弥补公司亏损，**应当先使用任意公积金和法定公积金；仍不能弥补的，可以按照规定使用资本公积金。** 法定公积金转为增加注册资本时，所留存的该项公积金不得少于转增前公司注册资本的百分之二十五。	**第一百六十八条** 公司的公积金用于弥补公司的亏损、扩大公司生产经营或者转为增加公司资本。但是，资本公积金不得用于弥补公司的亏损。 法定公积金转为资本时，所留存的该项公积金不得少于转增前公司注册资本的百分之二十五。	本条是关于公司公积金使用的规定，由旧法第一百六十八条修改而来。 公司公积金分为法定公积金、任意公积金与资本公积金三种类型。从理论上讲，资本公积金的用途只能是维持公司资本充实。因此，旧法规定资本公积金不得用于弥补公司的亏损。本次修法对此进行了调整，将严厉禁止改为劣后使用。
第二百一十五条 公司聘用、解聘承办公司审计业务的会计师事务所，**按照**公司章程的规定，由股东会、董事会或者**监事会**决定。 公司股东会、董事会或者**监事会**就解聘会计师事务所进行表决时，应当允许会计师事务所陈述意见。	**第一百六十九条** 公司聘用、解聘承办公司审计业务的会计师事务所，依照公司章程的规定，由股东会、股东大会或者董事会决定。 公司股东会、股东大会或者董事会就解聘会计师事务所进行表决时，应当允许会计师事务所陈述意见。	本条是关于公司聘用审计机构的规定，由旧法第一百六十九条微调而来。 第一款将"依照公司章程的规定"改为"按照公司章程的规定"。 聘用或者解聘会计师事务所的决策主体增加监事会。

2023 年《公司法》	2018 年《公司法》	释　义
第二百一十六条 公司应当向聘用的会计师事务所提供真实、完整的会计凭证、会计账簿、财务会计报告及其他会计资料，不得拒绝、隐匿、谎报。	**第一百七十条**　公司应当向聘用的会计师事务所提供真实、完整的会计凭证、会计账簿、财务会计报告及其他会计资料，不得拒绝、隐匿、谎报。	本条是关于公司负有向审计机构提供真实资料的义务的规定，由旧法第一百七十条平移至此。
第二百一十七条 公司除法定的会计账簿外，不得另立会计账簿。 　　对公司**资金**，不得以任何个人名义开立账户存储。	**第一百七十一条** 公司除法定的会计账簿外，不得另立会计账簿。 　　对公司资产，不得以任何个人名义开立账户存储。	本条是关于禁止公司另立会计账簿和个人账户存储公司资产的规定，由旧法第一百七十一条微调而来。唯一的变化是将"资产"修改为"资金"。 　　禁止公司另立会计账簿是保证公司财产真实性的财务要求。禁止个人账户存储公司资产，是保证公司财产独立性的要求。

2023 年《公司法》	2018 年《公司法》	释　　义
第十一章　公司合并、分立、增资、减资	**第九章　公司合并、分立、增资、减资**	
第二百一十八条 公司合并可以采取吸收合并或者新设合并。 　一个公司吸收其他公司为吸收合并，被吸收的公司解散。两个以上公司合并设立一个新的公司为新设合并，合并各方解散。	**第一百七十二条** 公司合并可以采取吸收合并或者新设合并。 　一个公司吸收其他公司为吸收合并，被吸收的公司解散。两个以上公司合并设立一个新的公司为新设合并，合并各方解散。	本条是关于公司合并方式的规定，由旧法第一百七十二条平移至此。
第二百一十九条 公司与其持股百分之九十以上的公司合并，被合并的公司不需经股东会决议，但应当通知其他股东，其他股东有权请求公司按照合理的价格收购其股权或者股份。 　公司合并支付的价款不超过本公司净资产百分之十的，可以不经股东会决议；但是，公司章程另有规定的除外。 　公司依照前两款规定合并不经股东会决议的，应当经董事会决议。		本条为新增内容，是关于公司简易合并的程序性规定。 　第一款规定的是公司与其绝对控股公司之间的合并。当一个公司持有被合并公司百分之九十以上的股份，该公司在被合并公司股东会中占有绝对多数，如果召开股东会，就一定会通过合并的决议，因此，无需召开。在这种情况下，其他股东有权请求公司收购其股权或股份，与本法第一百六十二条的相关规定也相吻合。 　第二款规定的是公司合并动用的资金与公司净资产占比较小的情形。在原则性规定无需召开股东会的前提下，赋予公司章程在这个问题上的自治权。

2023 年《公司法》	2018 年《公司法》	释　　义
		第三款规定了不召开股东会的公司合并应当经董事会决议。
第二百二十条　公司合并，应当由合并各方签订合并协议，并编制资产负债表及财产清单。公司应当自作出合并决议之日起十日内通知债权人，并于三十日内在报纸上或者**国家企业信用信息公示系统**公告。债权人自接到通知之日起三十日内，未接到通知的自公告之日起四十五日内，可以要求公司清偿债务或者提供相应的担保。	**第一百七十三条**　公司合并，应当由合并各方签订合并协议，并编制资产负债表及财产清单。公司应当自作出合并决议之日起十日内通知债权人，并于三十日内在报纸上公告。债权人自接到通知书之日起三十日内，未接到通知书的自公告之日起四十五日内，可以要求公司清偿债务或者提供相应的担保。	本条是关于公司合并程序与债权人异议权的规定，由旧法第一百七十三条微调而来。 本条的变化是增加“国家企业信用信息公示系统”为公司合并公告的另一个发布平台。
第二百二十一条　公司合并时，合并各方的债权、债务，应当由合并后存续的公司或者新设的公司承继。	**第一百七十四条**　公司合并时，合并各方的债权、债务，应当由合并后存续的公司或者新设的公司承继。	本条是关于公司合并前债权、债务承继的规定，由旧法第一百七十四条平移至此。 关联规定： **《民法典》** 　**第六十七条第一款**　法人合并的，其权利和义务由合并后的法人享有和承担。
第二百二十二条　公司分立，其财产作相应的分割。 　公司分立，应当编制资产负债表及财产清	**第一百七十五条**　公司分立，其财产作相应的分割。 　公司分立，应当编制资产负债表及财产清	本条是关于公司分立财产处理的规定，由旧法第一百七十五条微调而来。 　公司分立势必涉及原公司财产在分立后的公司之间

2023 年《公司法》	2018 年《公司法》	释　　义
单。公司应当自作出分立决议之日起十日内通知债权人，并于三十日内在报纸上**或者国家企业信用信息公示系统**公告。	单。公司应当自作出分立决议之日起十日内通知债权人，并于三十日内在报纸上公告。	如何分配的问题，因此，必须进行相应的财产分割。同时，对财产分割情况编制相应的资产负债表和资产清单。为了保障公司债权人的利益，公司还应在一定期限内将分立情况通知债权人，并在相关平台发布公告。 　　本条的变化是增加"国家企业信用信息公示系统"为公司分立公告的另一个发布平台。
第二百二十三条 公司分立前的债务由分立后的公司承担连带责任。但是，公司在分立前与债权人就债务清偿达成的书面协议另有约定的除外。	**第一百七十六条** 公司分立前的债务由分立后的公司承担连带责任。但是，公司在分立前与债权人就债务清偿达成的书面协议另有约定的除外。	本条是关于公司分立前债务承担的规定，由旧法第一百七十六条平移至此。 关联规定： 《民法典》 　　**第六十七条第二款**　法人分立的，其权利和义务由分立后的法人享有连带债权，承担连带债务，但是债权人和债务人另有约定的除外。
第二百二十四条 公司减少注册资本，应当编制资产负债表及财产清单。 　　公司应当自股东会作出减少注册资本决议之日起十日内通知债权人，并于三十日内在报纸上**或者国家企业信用**	**第一百七十七条** 公司需要减少注册资本时，必须编制资产负债表及财产清单。 　　公司应当自作出减少注册资本决议之日起十日内通知债权人，并于三十日内在报纸上公告。债权人自接到通	本条是关于公司减少注册资本的规定，由旧法第一百七十七条修改而来。 　　公司减少注册资本是突破公司资本维持原则的例外情形。为了维护公司、股东以及债权人的利益，公司减少注册资本必须依照法律规定并经过特殊的程序进行。

2023 年《公司法》	2018 年《公司法》	释　　义
信息公示系统公告。债权人自接到通知之日起三十日内，未接到通知的自公告之日起四十五日内，有权要求公司清偿债务或者提供相应的担保。 　　公司减少注册资本，应当按照股东出资或者持有股份的比例相应减少出资额或者股份，法律另有规定、有限责任公司全体股东另有约定或者股份有限公司章程另有规定的除外。	书之日起三十日内，未接到通知书的自公告之日起四十五日内，有权要求公司清偿债务或者提供相应的担保。	本条的变动如下： 　　第一款规范了语言表达方式，将"必须"修改为"应当"。 　　第二款增加"国家企业信用信息公示系统"为公司减少注册资本公告的另一个发布平台。 　　增加第三款关于公司减少注册资本对股东出资或者持股影响的规定。股东权益原则上与其出资或者持股呈正相关关系，在公司减少注册资本时，也应采用等比例减资的规则。对于有限责任公司而言，应当充分尊重公司自治。
第二百二十五条公司依照本法第二百一十四条第二款的规定弥补亏损后，仍有亏损的，可以减少注册资本弥补亏损。减少注册资本弥补亏损的，公司不得向股东分配，也不得免除股东缴纳出资或者股款的义务。 　　依照前款规定减少注册资本的，不适用前条第二款的规定，但应当自股东会作出减少注册资本决议之日起三十日内在报纸上或者国家		本条为新增内容，是关于公司简易减资的规定。 　　当注册资本与股东实缴资本一致时，公司可以通过减少注册资本的方式弥补公司亏损。如果是认缴的，公司实际上并未收到股东的出资，则无法通过减少注册资本的方式弥补亏损。 　　发生本条第一款规定的情形时，并不会直接损害债权人的利益，因此，只需通过公告的方式简易处理即可。 　　第三款则对公司设定了较强的法定公积金和任意公积金的积累义务。

2023 年《公司法》	2018 年《公司法》	释　　义
企业信用信息公示系统公告。 公司依照前两款的规定减少注册资本后，在法定公积金和任意公积金累计额达到公司注册资本百分之五十前，不得分配利润。		
第二百二十六条 违反本法规定减少注册资本的，股东应当退还其收到的资金，减免股东出资的应当恢复原状；给公司造成损失的，股东及负有责任的董事、监事、高级管理人员应当承担赔偿责任。		本条为新增内容，是关于禁止违法减资的规定。 减少公司注册资本是对资本维持原则的突破，应该慎之又慎，公司必须严格依照法定程序进行。如果公司违法减资，那么，因此而接受资金的股东负有退还义务。给公司造成损失的，所有责任人员均应承担赔偿责任。从文义看，此处的赔偿责任应该是连带责任。
第二百二十七条 有限责任公司增加注册资本时，股东在同等条件下有权优先按照实缴的出资比例认缴出资。但是，全体股东约定不按照出资比例优先认缴出资的除外。 股份有限公司为增加注册资本发行新股时，股东不享有优先认购权，公司章程另有规定或者股东会决议决定股东享有优先认购权的除外。	**第一百七十八条** 有限责任公司增加注册资本时，股东认缴新增资本的出资，依照本法设立有限责任公司缴纳出资的有关规定执行。 股份有限公司为增加注册资本发行新股时，股东认购新股，依照本法设立股份有限公司缴纳股款的有关规定执行。	本条是关于公司增加注册资本时股东认缴规则的规定，由旧法第一百七十八条修改而来。 第一款根据旧法第三十四条之规定修改而来。有限责任公司的人合性强于股份有限公司，因此，本条规定在公司增加注册资本时，有限责任公司股东原则上有优先认缴权，股份有限公司股东没有优先认购权。

2023 年《公司法》	2018 年《公司法》	释 义
第二百二十八条 有限责任公司增加注册资本时，股东认缴新增资本的出资，依照本法设立有限责任公司缴纳出资的有关规定执行。 股份有限公司为增加注册资本发行新股时，股东认购新股，依照本法设立股份有限公司缴纳股款的有关规定执行。	**第一百七十八条** 有限责任公司增加注册资本时，股东认缴新增资本的出资，依照本法设立有限责任公司缴纳出资的有关规定执行。 股份有限公司为增加注册资本发行新股时，股东认购新股，依照本法设立股份有限公司缴纳股款的有关规定执行。	本条是关于公司增加注册资本时股东缴纳出资或股款的规定，由旧法第一百七十八条平移至此。

2023 年《公司法》	2018 年《公司法》	释　　义
第十二章　公司解散和清算	**第十章　公司解散和清算**	
第二百二十九条 公司因下列原因解散： （一）公司章程规定的营业期限届满或者公司章程规定的其他解散事由出现； （二）股东会决议解散； （三）因公司合并或者分立需要解散； （四）依法被吊销营业执照、责令关闭或者被撤销； （五）人民法院依照本法第二百三十一条的规定予以解散。 **公司出现前款规定的解散事由，应当在十日内将解散事由通过国家企业信用信息公示系统予以公示。**	**第一百八十条**　公司因下列原因解散： （一）公司章程规定的营业期限届满或者公司章程规定的其他解散事由出现； （二）股东会或者股东大会决议解散； （三）因公司合并或者分立需要解散； （四）依法被吊销营业执照、责令关闭或者被撤销； （五）人民法院依照本法第一百八十二条的规定予以解散。	本条是关于公司解散事由的规定，由旧法第一百八十条修改而来。 公司解散的原因可以分为意定解散与法定解散两种类型。本条第一款前两项属于意定解散，为公司在章程中规定或者股东会决议的自行解散；后三项属于法定解散，是法律规定的必须解散的情形。 本条第二款为新增内容，要求公司一旦出现解散事由，应当在法定期间内通过国家企业信用信息公示系统进行公示。这是出于对债权人利益保护的考虑而设置的。
第二百三十条　公司有**前条第一款第一项、第二项情形，且尚未向股东分配财产的，**可以通过修改公司章程或者经股东会决议而存续。 依照前款规定修改公司章程**或者经股东会**	**第一百八十一条**　公司有本法第一百八十条第（一）项情形的，可以通过修改公司章程而存续。 依照前款规定修改公司章程，有限责任公司须经持有三分之二以上表决权的股东通过，	本条是关于公司自行解散终止的规定，由旧法第一百八十一条修改而来。 公司的意定解散非外力所致，属于自行解散，当然也可以通过合法程序改变解散公司的意思。前提是公司尚未向股东分配财产，如果已经将公司财产分配给股东，

2023 年《公司法》	2018 年《公司法》	释　义
决议，有限责任公司须经持有三分之二以上表决权的股东通过，股份有限公司须经出席股东会会议的股东所持表决权的三分之二以上通过。	股份有限公司须经出席股东大会会议的股东所持表决权的三分之二以上通过。	公司失去了存续的财产基础，不得再作出撤销解散公司或者延长公司营业期限的决定。 　　旧法仅规定了在公司章程规定的解散事由出现时，可以通过修改公司章程的方式终止解散，使公司继续存续。对于股东会决议解散的，本次修法规定可以再次通过股东会决议的方式终止解散，使公司存续。无论是以修改公司章程的方式还是以召开股东会决议的方式终止解散，均属于重大事项，应该经过三分之二以上表决权通过。
第二百三十一条 公司经营管理发生严重困难，继续存续会使股东利益受到重大损失，通过其他途径不能解决的，持有公司百分之十以上表决权的股东，可以请求人民法院解散公司。	**第一百八十二条** 公司经营管理发生严重困难，继续存续会使股东利益受到重大损失，通过其他途径不能解决的，持有公司全部股东表决权百分之十以上的股东，可以请求人民法院解散公司。	本条是关于公司僵局时股东公司解散请求权的规定，由旧法第一百八十二条微调至此。 　　公司僵局时，如果允许公司长期存续，将损害公司以及所有股东的利益，及时解散公司是对股东权益的最大保护。
第二百三十二条 公司因本法**第二百二十九条**第一款第一项、第二项、第四项、第五项规定而解散的，应当清算。**董事为公司清算义务人**，应当在解散事由	**第一百八十三条** 公司因本法第一百八十条第（一）项、第（二）项、第（四）项、第（五）项规定而解散的，应当在解散事由出现之日起十五日	本条是关于公司解散清算义务人的规定，由旧法第一百八十三条修改而来。 　　本条修改删除了旧法区分有限责任公司与股份有限公司，规定由股东或者董事组成清算组的做法，直接将

2023 年《公司法》	2018 年《公司法》	释　　义
出现之日起十五日内组成清算组进行清算。 　　**清算组由董事组成，但是公司章程另有规定或者股东会决议另选他人的除外。** 　　**清算义务人未及时履行清算义务，给公司或者债权人造成损失的，应当承担赔偿责任。**	内成立清算组，开始清算。有限责任公司的清算组由股东组成，股份有限公司的清算组由董事或者股东大会确定的人员组成。逾期不成立清算组进行清算的，债权人可以申请人民法院指定有关人员组成清算组进行清算。人民法院应当受理该申请，并及时组织清算组进行清算。	董事规定为所有类型公司的清算义务人，由其组成清算组。这是本次修法进一步强化董事会中心主义的体现。 　　同时，为了避免清算义务的空洞化，本次修法明确规定因违反该义务而给公司或者债权人造成损失的，应当承担赔偿责任。
第二百三十三条 　　**公司依照前条第一款的规定应当清算，逾期不成立清算组进行清算或者成立清算组后不清算的，利害关系人可以申请人民法院指定有关人员组成清算组进行清算。人民法院应当受理该申请，并及时组织清算组进行清算。** 　　**公司因本法第二百二十九条第一款第四项的规定而解散的，作出吊销营业执照、责令关闭或者撤销决定的部门或者公司登记机关，可以申请人民法院指定有关人员组成清算组进行清算。**	**第一百八十三条** 公司因本法第一百八十条第（一）项、第（二）项、第（四）项、第（五）项规定而解散的，应当在解散事由出现之日起十五日内成立清算组，开始清算。有限责任公司的清算组由股东组成，股份有限公司的清算组由董事或者股东大会确定的人员组成。逾期不成立清算组进行清算的，债权人可以申请人民法院指定有关人员组成清算组进行清算。人民法院应当受理该申请，并及时组织清算组进行清算。	本条是关于法院组织公司清算的规定，由旧法第一百八十三条的部分内容修改而来。 　　本条第一款基本沿袭了旧法的规定，只是将债权人修改为利害关系人，扩大了申请主体的范围，职工、股东等利益相关者均可申请人民法院组织清算组进行清算。 　　第二款为新增内容，赋予强制解散公司主体申请人民法院组织清算组进行清算的权利。

2023 年《公司法》	2018 年《公司法》	释 义
第二百三十四条 清算组在清算期间行使下列职权： （一）清理公司财产，分别编制资产负债表和财产清单； （二）通知、公告债权人； （三）处理与清算有关的公司未了结的业务； （四）清缴所欠税款以及清算过程中产生的税款； （五）清理债权、债务； （六）**分配**公司清偿债务后的剩余财产； （七）代表公司参与民事诉讼活动。	**第一百八十四条** 清算组在清算期间行使下列职权： （一）清理公司财产，分别编制资产负债表和财产清单； （二）通知、公告债权人； （三）处理与清算有关的公司未了结的业务； （四）清缴所欠税款以及清算过程中产生的税款； （五）清理债权、债务； （六）处理公司清偿债务后的剩余财产； （七）代表公司参与民事诉讼活动。	本条是关于清算组职权的规定，由旧法第一百八十四条微调而来。 清算组的职权仅限于与公司清算相关的事项，主要进行以公司财产的清理与分配为目的的工作。本条唯一的变化就是将"处理"公司清偿债务后的剩余财产明确为"分配"。
第二百三十五条 清算组应当自成立之日起十日内通知债权人，并于六十日内在报纸上**或者国家企业信用信息公示系统**公告。债权人应当自接到通知之日起三十日内，未接到通知的自公告之日起四十五日内，向清算组申报其债权。 债权人申报债权，应当说明债权的有关事	**第一百八十五条** 清算组应当自成立之日起十日内通知债权人，并于六十日内在报纸上公告。债权人应当自接到通知书之日起三十日内，未接到通知书的自公告之日起四十五日内，向清算组申报其债权。 债权人申报债权，应当说明债权的有关事项，并提供证明材料。	本条是关于公司债权人申报债权的规定，由旧法第一百八十五条微调而来。 本条的修改是增加"国家企业信用信息公示系统"作为除报纸以外的清算组成立公告的发布平台。

2023 年《公司法》	2018 年《公司法》	释　　义
项，并提供证明材料。清算组应当对债权进行登记。 　　在申报债权期间，清算组不得对债权人进行清偿。	清算组应当对债权进行登记。 　　在申报债权期间，清算组不得对债权人进行清偿。	
第二百三十六条 清算组在清理公司财产、编制资产负债表和财产清单后，应当**制订**清算方案，并报**股东会**或者人民法院确认。 　　公司财产在分别支付清算费用、职工的工资、社会保险费用和法定补偿金，缴纳所欠税款，清偿公司债务后的剩余财产，有限责任公司按照股东的出资比例分配，股份有限公司按照股东持有的股份比例分配。 　　清算期间，公司存续，但不得开展与清算无关的经营活动。公司财产在未依照前款规定清偿前，不得分配给股东。	**第一百八十六条** 清算组在清理公司财产、编制资产负债表和财产清单后，应当制定清算方案，并报股东会、股东大会或者人民法院确认。 　　公司财产在分别支付清算费用、职工的工资、社会保险费用和法定补偿金，缴纳所欠税款，清偿公司债务后的剩余财产，有限责任公司按照股东的出资比例分配，股份有限公司按照股东持有的股份比例分配。 　　清算期间，公司存续，但不得开展与清算无关的经营活动。公司财产在未依照前款规定清偿前，不得分配给股东。	本条是关于清算方案和清算财产处理的规定，由旧法第一百八十六条修改而来。 　　本次修法将旧法中股份有限公司的股东大会改为股东会，本条作了相应调整。

2023 年《公司法》	2018 年《公司法》	释　　义
第二百三十七条 清算组在清理公司财产、编制资产负债表和财产清单后，发现公司财产不足清偿债务的，应当依法向人民法院申**请破产清算。** **人民法院受理破产申请后，**清算组应当将清算事务移交给人民法院指定的**破产管理人。**	**第一百八十七条** 清算组在清理公司财产、编制资产负债表和财产清单后，发现公司财产不足清偿债务的，应当依法向人民法院申请宣告破产。 公司经人民法院裁定宣告破产后，清算组应当将清算事务移交给人民法院。	本条是关于公司普通清算转为破产清算的规定，由旧法第一百八十七条修改而来。 与普通清算不同，破产清算的前提条件是公司财产不足清偿债务，其程序适用《企业破产法》的规定。在公司的普通清算程序中，清算组如果发现公司达到破产清算的条件，应当主动向人民法院申请破产清算。 法院一旦受理破产申请，即进入公司破产程序，破产清算管理人的产生必须符合法律规定且经过特殊程序，因此，本条第二款作了相应修改。
第二百三十八条 清算组成员**履行清算职责，负有忠实义务和勤勉义务。** 清算组成员**怠于履行清算职责，给公司造成损失的，应当承担赔偿责任；**因故意或者重大过失给债权人造成损失的，应当承担赔偿责任。	**第一百八十九条** 清算组成员应当忠于职守，依法履行清算义务。 清算组成员不得利用职权收受贿赂或者其他非法收入，不得侵占公司财产。 清算组成员因故意或者重大过失给公司或者债权人造成损失的，应当承担赔偿责任。	本条是关于清算组成员信义义务和法律责任的规定，由旧法第一百八十九条修改而来。 清算组成员为董事或者公司章程规定、股东会决议的人员，特定情况下可以是人民法院指定的人员。清算组成员在理论上处于受托人的法律地位，应当对公司负有信义义务，即忠实义务和勤勉义务。因此，本条第一款作如此修改。 违反信义义务的，应当对因此而造成的损失对公司

2023 年《公司法》	2018 年《公司法》	释 义
		承担赔偿责任。清算组成员因故意或者重大过失造成债权人损失的，则属于侵权行为，应承担相应的赔偿责任。
第二百三十九条 公司清算结束后，清算组应当制作清算报告，报股东会或者人民法院确认，并报送公司登记机关，申请注销公司登记。	**第一百八十八条** 公司清算结束后，清算组应当制作清算报告，报股东会、股东大会或者人民法院确认，并报送公司登记机关，申请注销公司登记，公告公司终止。	本条是关于清算组制作清算报告和申请注销登记的规定，由旧法第一百八十八条微调至此。
第二百四十条 公司在存续期间未产生债务，或者已清偿全部债务的，经全体股东承诺，可以按照规定通过简易程序注销公司登记。 通过简易程序注销公司登记，应当通过国家企业信用信息公示系统予以公告，公告期限不少于二十日。公告期限届满后，未有异议的，公司可以在二十日内向公司登记机关申请注销公司登记。 公司通过简易程序注销公司登记，股东对本条第一款规定的内容承诺不实的，应当对注销登记前的债务承担连带责任。		本条为新增内容，是关于公司简易注销的规定。 一般的公司注销必须进行清算，以保障债权人的利益。如果公司没有负债，或者全部债务已经清偿，且公司全体股东对此予以担保的，可以不经过清算程序，直接注销。公司简易注销有利于节约成本、提高效率。 为了防止股东利用公司注销逃避公司债务，本条第二款规定了简易注销程序应当进行公告。如果股东的承诺不实，应当与公司一起对公司注销登记前的债务承担连带责任。 关联规定： **《市场主体登记管理条例》** **第三十三条第一款、第二款** 市场主体未发生债权债务或者已将债权债务清偿

2023 年《公司法》	2018 年《公司法》	释　　义
		完结，未发生或者已结清清偿费用、职工工资、社会保险费用、法定补偿金、应缴纳税款（滞纳金、罚款），并由全体投资人书面承诺对上述情况的真实性承担法律责任的，可以按照简易程序办理注销登记。 市场主体应当将承诺书及注销登记申请通过国家企业信用信息公示系统公示，公示期为 20 日。在公示期内无相关部门、债权人及其他利害关系人提出异议的，市场主体可以于公示期届满之日起 20 日内向登记机关申请注销登记。
第二百四十一条 公司被吊销营业执照、责令关闭或者被撤销，满三年未向公司登记机关申请注销公司登记的，公司登记机关可以通过国家企业信用信息公示系统予以公告，公告期限不少于六十日。公告期限届满后，未有异议的，公司登记机关可以注销公司登记。 依照前款规定注销公司登记的，原公司股东、清算义务人的责任不受影响。		本条为新增内容，是关于公司强制注销的规定。 公司有本法第二百二十九条规定的法定解散事由，不能再从事正常的经营活动的，应当尽快进行清算，否则，有可能损害债权人利益，扰乱社会经济秩序。因此，本次修法增设公司强制注销制度，赋予公司登记机关在这种情况下的强制注销权。

2023 年《公司法》	2018 年《公司法》	释　　义
第二百四十二条 公司被依法宣告破产的，依照有关企业破产的法律实施破产清算。	**第一百九十条**　公司被依法宣告破产的，依照有关企业破产的法律实施破产清算。	本条是关于公司破产清算的规定，由旧法第一百九十条平移至此。　公司破产清算程序非常复杂，适用《企业破产法》的专门规定。

2023 年《公司法》	2018 年《公司法》	释　义
第十三章　外国公司的分支机构	**第十一章　外国公司的分支机构**	
第二百四十三条 本法所称外国公司，是指依照外国法律在**中华人民共和国**境外设立的公司。	**第一百九十一条** 本法所称外国公司是指依照外国法律在中国境外设立的公司。	本条是关于外国公司的定义，由旧法第一百九十一条微调而来。 　　本条有两处改动： 　　一是在"本法所称外国公司"和"是指"之间加了逗号，更符合语言规范。 　　二是将"中国"改为"中华人民共和国"，这是因为我国存在中国大陆（内地）、台湾地区、香港和澳门特别行政区四个法域，在法律地位上，在后三者境内成立的公司，也视同为"外国公司"。
第二百四十四条 外国公司在**中华人民共和国**境内设立分支机构，**应当**向中国主管机关提出申请，并提交其公司章程、所属国的公司登记证书等有关文件，经批准后，向公司登记机关依法办理登记，领取营业执照。 　　外国公司分支机构的审批办法由国务院另行规定。	**第一百九十二条** 外国公司在中国境内设立分支机构，必须向中国主管机关提出申请，并提交其公司章程、所属国的公司登记证书等有关文件，经批准后，向公司登记机关依法办理登记，领取营业执照。 　　外国公司分支机构的审批办法由国务院另行规定。	本条是关于外国公司分支机构设立程序的规定，由旧法第一百九十二条微调而来。 　　本条有两处改动： 　　一是将"中国"修改为"中华人民共和国"。 　　二是将"必须"修改为"应当"。 　　本法第三十八条规定："公司设立分公司，应当向公司登记机关申请登记，领取营业执照。"外国公司的分支机构虽然不具有独立的法人主体资格，但其属于外

2023 年《公司法》	2018 年《公司法》	释　　义
		国公司的分公司，具有相对独立的责任财产与责任能力，也应当依法办理登记，领取营业执照。 外国公司进入中华人民共和国境内从事营业活动，必须满足我国的市场准入条件，由国务院商务部门审批。具体标准和程序，由国务院专门规定。
第二百四十五条 外国公司在**中华人民共和国**境内设立分支机构，**应当在中华人民共和国**境内指定负责该分支机构的代表人或者代理人，并向该分支机构拨付与其所从事的经营活动相适应的资金。 对外国公司分支机构的经营资金需要规定最低限额的，由国务院另行规定。	**第一百九十三条** 外国公司在中国境内设立分支机构，必须在中国境内指定负责该分支机构的代表人或者代理人，并向该分支机构拨付与其所从事的经营活动相适应的资金。 对外国公司分支机构的经营资金需要规定最低限额的，由国务院另行规定。	本条是关于外国公司分支机构设立条件的规定，由旧法第一百九十三条微调而来。 本条有两处改动： 一是将"中国"修改为"中华人民共和国"。 二是将"必须"修改为"应当"。
第二百四十六条 外国公司的分支机构应当在其名称中标明该外国公司的国籍及责任形式。 外国公司的分支机构应当在本机构中置备该外国公司章程。	**第一百九十四条** 外国公司的分支机构应当在其名称中标明该外国公司的国籍及责任形式。 外国公司的分支机构应当在本机构中置备该外国公司章程。	本条是关于外国公司分支机构的名称和章程置备要求，由旧法第一百九十四条平移至此。

2023 年《公司法》	2018 年《公司法》	释　　义
第二百四十七条 外国公司在**中华人民共和国**境内设立的分支机构不具有中国法人资格。 外国公司对其分支机构在**中华人民共和国**境内进行经营活动承担民事责任。	**第一百九十五条** 外国公司在中国境内设立的分支机构不具有中国法人资格。 外国公司对其分支机构在中国境内进行经营活动承担民事责任。	本条是关于外国公司法律地位与责任能力的规定，由旧法第一百九十五条微调至此。 外国公司的分支机构在法律地位上等同于中国公司的分公司，不具有独立的法人主体资格，不具有独立的责任能力。
第二百四十八条 经批准设立的外国公司分支机构，在**中华人民共和国**境内从事业务活动，**应当**遵守中国的法律，不得损害中国的社会公共利益，其合法权益受中国法律保护。	**第一百九十六条** 经批准设立的外国公司分支机构，在中国境内从事业务活动，必须遵守中国的法律，不得损害中国的社会公共利益，其合法权益受中国法律保护。	本条是关于外国公司分支机构合法经营义务与合法权益保护的规定，由旧法第一百九十六条微调而来。 本条有两处改动： 一是将"中国"修改为"中华人民共和国"。 二是将"必须遵守中国的法律"修改为"应当遵守中国的法律"。
第二百四十九条 外国公司撤销其在**中华人民共和国**境内的分支机构时，**应当**依法清偿债务，依照本法有关公司清算程序的规定进行清算。未清偿债务之前，不得将其分支机构的财产转移至**中华人民共和国**境外。	**第一百九十七条** 外国公司撤销其在中国境内的分支机构时，必须依法清偿债务，依照本法有关公司清算程序的规定进行清算。未清偿债务之前，不得将其分支机构的财产移至中国境外。	本条是关于外国公司撤销分支机构时清算义务的规定，由旧法第一百九十七条微调而来。 本条有两处改动： 一是将"中国"修改为"中华人民共和国"。 二是将"必须依法清偿债务"修改为"应当依法清偿债务"。

2023 年《公司法》	2018 年《公司法》	释　　义
第十四章　法律责任	**第十二章　法律责任**	
第二百五十条　违反本法规定，虚报注册资本、提交虚假材料或者采取其他欺诈手段隐瞒重要事实取得公司登记的，由公司登记机关责令改正，对虚报注册资本的公司，处以虚报注册资本金额百分之五以上百分之十五以下的罚款；对提交虚假材料或者采取其他欺诈手段隐瞒重要事实的公司，处以五万元以上**二百万元**以下的罚款；情节严重的，吊销营业执照；**对直接负责的主管人员和其他直接责任人员处以三万元以上三十万元以下的罚款。**	**第一百九十八条**　违反本法规定，虚报注册资本、提交虚假材料或者采取其他欺诈手段隐瞒重要事实取得公司登记的，由公司登记机关责令改正，对虚报注册资本的公司，处以虚报注册资本金额百分之五以上百分之十五以下的罚款；对提交虚假材料或者采取其他欺诈手段隐瞒重要事实的公司，处以五万元以上五十万元以下的罚款；情节严重的，撤销公司登记或者吊销营业执照。	本条是关于公司违法登记的法律责任的规定，由旧法第一百九十八条修改而来。 　　公司通过弄虚作假取得公司登记的，因其行为的违法性，取得登记的基础存在根本性缺陷。对于情节轻微的，如虚报注册资本数额较小、公司住所地址不实等行为，公司登记机关应当责令其限期改正；对于情节严重的，如虚报资本数额巨大、股东身份造假等行为，应当注销其登记。 　　本次修法提高了罚款额度，并增加了对直接责任人的处罚规定。
第二百五十一条　公司未依照本法第四十条规定公示有关信息或者不如实公示有关信息的，由公司登记机关责令改正，可以处以一万元以上五万元以下的罚款。情节严重的，处以五万元以上二十万元以下的罚款；对直接负责的主管人员和其他直接		本条为新增规定，是关于公司违反公示义务的法律责任的规定。 　　根据本法第四十条的规定，公司应当按照规定通过国家企业信用信息公示系统公示相关事项。如此规定是保护交易相对方、第三人乃至社会公众利益的需要，是法律给公司设定的强制性义务。如果违反该义务，则应

2023 年《公司法》	2018 年《公司法》	释 义
责任人员处以一万元以上十万元以下的罚款。		该承担相应的行政法律责任。本条采用"双罚制"，既规定了公司的法律责任，也规定了相关责任人的个人法律责任。
第二百五十二条 公司的发起人、股东虚假出资，未交付或者未按期交付作为出资的货币或者非货币财产的，由公司登记机关责令改正，**可以处以五万元以上二十万元以下的罚款；情节严重的，处以虚假出资或者未出资金额百分之五以上百分之十五以下的罚款；对直接负责的主管人员和其他直接责任人员处以一万元以上十万元以下的罚款。**	**第一百九十九条** 公司的发起人、股东虚假出资，未交付或者未按期交付作为出资的货币或者非货币财产的，由公司登记机关责令改正，处以虚假出资金额百分之五以上百分之十五以下的罚款。	本条是关于虚假出资行政法律责任的规定，由旧法第一百九十九条修改而来。　　发起人、股东虚假出资的，除应当向公司、其他发起人或股东承担相应的民事法律责任外，还可能因此而承担行政法律责任。公司登记机关的罚款属于行政处罚的范畴，是行为人承担行政法律责任的一种形式。与前两条规定相同，本条也采用"双罚制"。
第二百五十三条 公司的发起人、股东在公司成立后，抽逃其出资的，由公司登记机关责令改正，处以所抽逃出资金额百分之五以上百分之十五以下的罚款；**对直接负责的主管人员和其他直接责任人员处以三万元以上三十万元以下的罚款。**	**第二百条** 公司的发起人、股东在公司成立后，抽逃其出资的，由公司登记机关责令改正，处以所抽逃出资金额百分之五以上百分之十五以下的罚款。	本条是关于抽逃出资法律责任的规定，由旧法第二百条修改而来。　　本条的变化是增加了对抽逃出资直接责任人员的个人法律责任的规定。

2023 年《公司法》	2018 年《公司法》	释　义
第二百五十四条 有下列行为之一的，由县级以上人民政府财政部门依照《中华人民共和国会计法》等法律、行政法规的规定处罚： （一）在法定的会计账簿以外另立会计账簿； （二）提供存在虚假记载或者隐瞒重要事实的财务会计报告。	**第二百零一条**　公司违反本法规定，在法定的会计账簿以外另立会计账簿的，由县级以上人民政府财政部门责令改正，处以五万元以上五十万元以下的罚款。	本条是关于公司违反财务制度的法律责任的规定，由旧法第二百零一条修改而来。 　本条的变动如下： 　一是增加财务会计报告弄虚作假的情形。 　二是不再规定具体的处罚措施，删除罚款的规定。 　三是增加《会计法》为处罚依据，由相关部门根据违法事实决定如何处罚。
第二百五十五条 公司在合并、分立、减少注册资本或者进行清算时，不依照本法规定通知或者公告债权人的，由公司登记机关责令改正，对公司处以一万元以上十万元以下的罚款。	**第二百零四条第一款**　公司在合并、分立、减少注册资本或者进行清算时，不依照本法规定通知或者公告债权人的，由公司登记机关责令改正，对公司处以一万元以上十万元以下的罚款。	本条是关于公司违反通知或公告债权人义务的法律责任的规定，由旧法第二百零四条第一款平移至此。
第二百五十六条 公司在进行清算时，隐匿财产，对资产负债表或者财产清单作虚假记载，或者在未清偿债务前分配公司财产的，由公司登记机关责令改正，对公司处以隐匿财产或者未清偿债务前分配公司财产金额百分之	**第二百零四条第二款**　公司在进行清算时，隐匿财产，对资产负债表或者财产清单作虚假记载或者在未清偿债务前分配公司财产的，由公司登记机关责令改正，对公司处以隐匿财产或者未清偿债务前分配公司财产金额百	本条是关于公司清算时违法行为法律责任的规定，由旧法第二百零四条第二款平移至此。

2023 年《公司法》	2018 年《公司法》	释　　义
五以上百分之十以下的罚款；对直接负责的主管人员和其他直接责任人员处以一万元以上十万元以下的罚款。	分之五以上百分之十以下的罚款；对直接负责的主管人员和其他直接责任人员处以一万元以上十万元以下的罚款。	
第二百五十七条 承担资产评估、验资或者验证的机构提供虚假材料**或者提供有重大遗漏的报告的，由有关部门依照《中华人民共和国资产评估法》、《中华人民共和国注册会计师法》等法律、行政法规的规定处罚。**　　承担资产评估、验资或者验证的机构因其出具的评估结果、验资或者验证证明不实，给公司债权人造成损失的，除能够证明自己没有过错的外，在其评估或者证明不实的金额范围内承担赔偿责任。	**第二百零七条**　承担资产评估、验资或者验证的机构提供虚假材料的，由公司登记机关没收违法所得，处以违法所得一倍以上五倍以下的罚款，并可以由有关主管部门依法责令该机构停业、吊销直接责任人员的资格证书，吊销营业执照。　　承担资产评估、验资或者验证的机构因过失提供有重大遗漏的报告的，由公司登记机关责令改正，情节较重的，处以所得收入一倍以上五倍以下的罚款，并可以由有关主管部门依法责令该机构停业、吊销直接责任人员的资格证书，吊销营业执照。　　承担资产评估、验资或者验证的机构因其出具的评估结果、验资或者验证证明不实，给公司债权人造成损失的，除能够证明自己没	本条规定的是资产评估、验资或验证机构违法行为的法律责任，由旧法第二百零七条修改而来。　　资产评估、验资或者验证机构在其专业领域、工作范围内的履职行为，有专门法律调整。因此，本次修法改变由《公司法》直接认定其责任并作出处罚的做法，修改为"由有关机关按照《中华人民共和国资产评估法》、《中华人民共和国注册会计师法》等法律、行政法规的规定处罚"。　　上述机构在履职过程中的违法行为，如果给公司债权人造成损失，构成侵权行为的，应当承担相应的赔偿责任。

2023 年《公司法》	2018 年《公司法》	释　　义
	有过错的外，在其评估或者证明不实的金额范围内承担赔偿责任。	
第二百五十八条 公司登记机关违反法律、行政法规规定未履行职责或者履行职责不当的，对负有责任的领导人员和直接责任人员依法给予政务处分。	**第二百零八条** 公司登记机关对不符合本法规定条件的登记申请予以登记，或者对符合本法规定条件的登记申请不予登记的，对直接负责的主管人员和其他直接责任人员，依法给予行政处分。	本条是关于公司登记机关失职行为相关责任人的法律责任的规定，由旧法第二百零八条修改而来。 　公司登记机关未履行职责或者履行职责不当的失职行为，一定是由具体负责的人员完成的，本条规定由其承担相应的政务处分责任。
第二百五十九条 未依法登记为有限责任公司或者股份有限公司，而冒用有限责任公司或者股份有限公司名义的，或者未依法登记为有限责任公司或者股份有限公司的分公司，而冒用有限责任公司或者股份有限公司的分公司名义的，由公司登记机关责令改正或者予以取缔，可以并处十万元以下的罚款。	**第二百一十条** 未依法登记为有限责任公司或者股份有限公司，而冒用有限责任公司或者股份有限公司名义的，或者未依法登记为有限责任公司或者股份有限公司的分公司，而冒用有限责任公司或者股份有限公司的分公司名义的，由公司登记机关责令改正或者予以取缔，可以并处十万元以下的罚款。	本条是对假冒公司或者分公司名义的法律责任的规定，由旧法第二百一十条平移至此。
第二百六十条 公司成立后无正当理由超过六个月未开业的，或者开业后自行停业连续六个月以上的，公司登记机关可以吊销营业执	**第二百一十一条** 公司成立后无正当理由超过六个月未开业的，或者开业后自行停业连续六个月以上的，可以由公司登记机关吊销营	本条规定的是公司逾期开业、不当停业、不依法办理变更登记的法律责任，由旧法第二百一十一条微调而来。 　本条唯一的改动是在第

2023 年《公司法》	2018 年《公司法》	释　　义
照，**但公司依法办理歇业的除外**。 　公司登记事项发生变更时，未依照本法规定办理有关变更登记的，由公司登记机关责令限期登记；逾期不登记的，处以一万元以上十万元以下的罚款。	业执照。 　公司登记事项发生变更时，未依照本法规定办理有关变更登记的，由公司登记机关责令限期登记；逾期不登记的，处以一万元以上十万元以下的罚款。	一款加了但书规定："但公司依法办理歇业的除外。"
第二百六十一条 外国公司违反本法规定，擅自在**中华人民共和国**境内设立分支机构的，由公司登记机关责令改正或者关闭，可以并处五万元以上二十万元以下的罚款。	**第二百一十二条** 外国公司违反本法规定，擅自在中国境内设立分支机构的，由公司登记机关责令改正或者关闭，可以并处五万元以上二十万元以下的罚款。	本条是关于外国公司擅自在我国设立分支机构的法律责任的规定，由旧法第二百一十二条微调而来。 　本条唯一的改动是将"中国"修改为"中华人民共和国"。
第二百六十二条 利用公司名义从事危害国家安全、社会公共利益的严重违法行为的，吊销营业执照。	**第二百一十三条** 利用公司名义从事危害国家安全、社会公共利益的严重违法行为的，吊销营业执照。	本条是关于利用公司名义危害国家安全、社会公共利益的法律责任的规定，由旧法第二百一十三条平移至此。
第二百六十三条 公司违反本法规定，应当承担民事赔偿责任和缴纳罚款、罚金的，其财产不足以支付时，先承担民事赔偿责任。	**第二百一十四条** 公司违反本法规定，应当承担民事赔偿责任和缴纳罚款、罚金的，其财产不足以支付时，先承担民事赔偿责任。	本条是关于民事赔偿优先原则的规定，由旧法第二百一十四条平移至此。 　从法理上说，当公司违法行为造成民事赔偿责任和罚款、罚金的，民事赔偿的权利对象是公司的债权人，罚款、罚金的对象是公权力机关，民事赔偿优先既是保护债权人利益的需要，也是公权谦抑的现代文明准则。

2023 年《公司法》	2018 年《公司法》	释　　义
第二百六十四条 违反本法规定，构成犯罪的，依法追究刑事责任。	**第二百一十五条** 违反本法规定，构成犯罪的，依法追究刑事责任。	本条是关于公司犯罪依法追究刑事责任的规定，由旧法第二百一十五条平移至此。

2023 年《公司法》	2018 年《公司法》	释　　义
第十五章　附　则	第十三章　附　则	
第二百六十五条 本法下列用语的含义： 　（一）高级管理人员，是指公司的经理、副经理、财务负责人，上市公司董事会秘书和公司章程规定的其他人员。 　（二）控股股东，是指其出资额占有限责任公司资本总额**超过**百分之五十或者其持有的股份占股份有限公司股本总额**超过**百分之五十的股东；出资额或者持有股份的比例虽然**低于**百分之五十，但依其出资额或者持有的股份所享有的表决权已足以对股东会的决议产生重大影响的股东。 　（三）实际控制人，是指通过投资关系、协议或者其他安排，能够实际支配公司行为的人。 　（四）关联关系，是指公司控股股东、实际控制人、董事、监事、高级管理人员与其直接或者间接控制的企业之间的关系，以及可	**第二百一十六条** 本法下列用语的含义： 　（一）高级管理人员，是指公司的经理、副经理、财务负责人，上市公司董事会秘书和公司章程规定的其他人员。 　（二）控股股东，是指其出资额占有限责任公司资本总额百分之五十以上或者其持有的股份占股份有限公司股本总额百分之五十以上的股东；出资额或者持有股份的比例虽然不足百分之五十，但依其出资额或者持有的股份所享有的表决权已足以对股东会、股东大会的决议产生重大影响的股东。 　（三）实际控制人，是指虽不是公司的股东，但通过投资关系、协议或者其他安排，能够实际支配公司行为的人。 　（四）关联关系，是指公司控股股东、实际控制人、董事、监事、高级管理人员与其直接或者间接控制的企	本条是本法相关用语含义的规定，由旧法第二百一十六条修改而来。 　本条有以下几处改动： 　一是将"百分之五十以上"改为"超过百分之五十"，"不足"改为"低于"。 　二是删除"股东大会"的表述。 　三是关于实际控制人的定义，删除"虽不是公司的股东"的表述。实践中存在虽然在公司出资额较小或者持有股份较少，达不到控股比例，但是通过其他安排能够实际支配公司行为的人。本次修法意味着实际控制人可能是本公司股东，也可能不是本公司股东。

2023 年《公司法》	2018 年《公司法》	释 义
能导致公司利益转移的其他关系。但是，国家控股的企业之间不仅因为同受国家控股而具有关联关系。	业之间的关系，以及可能导致公司利益转移的其他关系。但是，国家控股的企业之间不仅因为同受国家控股而具有关联关系。	
第二百六十六条 本法 2024 年 7 月 1 日起施行。 　　本法施行前已登记设立的公司，出资期限超过本法规定的期限的，除法律、行政法规或者国务院另有规定外，应当逐步调整至本法规定的期限以内；对于出资期限、出资额明显异常的，公司登记机关可以依法要求其及时调整。具体实施办法由国务院规定。	**第二百一十八条** 本法自 2006 年 1 月 1 日起施行。	本条是关于新法生效时间与新法实施前成立的认缴制公司如何处理的规定。 　　本次修法争议最大的问题之一就是新法规定股东认缴的出资必须自公司成立之日起五年内缴足。2013 年《公司法》修正，确立了公司认缴资本制。本条第二款的立法目的就是解决这十年间积累的大量资本认缴公司的出资问题。 　　对于这类公司，本条原则上规定了逐步调整至本法规定的期限、公司登记机关强制调整等措施，但因其过于宏观而不具有可操作性，必须由国务院专门制定具体实施办法才能落实。

中华人民共和国公司法

（1993 年 12 月 29 日第八届全国人民代表大会常务委员会第五次会议通过 根据 1999 年 12 月 25 日第九届全国人民代表大会常务委员会第十三次会议《关于修改〈中华人民共和国公司法〉的决定》第一次修正 根据 2004 年 8 月 28 日第十届全国人民代表大会常务委员会第十一次会议《关于修改〈中华人民共和国公司法〉的决定》第二次修正 2005 年 10 月 27 日第十届全国人民代表大会常务委员会第十八次会议第一次修订 根据 2013 年 12 月 28 日第十二届全国人民代表大会常务委员会第六次会议《关于修改〈中华人民共和国海洋环境保护法〉等七部法律的决定》第三次修正 根据 2018 年 10 月 26 日第十三届全国人民代表大会常务委员会第六次会议《关于修改〈中华人民共和国公司法〉的决定》第四次修正 2023 年 12 月 29 日第十四届全国人民代表大会常务委员会第七次会议第二次修订）

目　　录

第一章　总　　则

第一条　为了规范公司的组织和行为，保护公司、股东、职工和债权人的合法权益，完善中国特色现代企业制度，弘扬企业家精神，维护社会经济秩序，促进社会主义市场经济的发展，根据宪法，制定本法。

第二条　本法所称公司，是指依照本法在中华人民共和国境内设立的有限责任公司和股份有限公司。

第三条　公司是企业法人，有独立的法人财产，享有法人财产权。公司以其全部财产对公司的债务承担责任。

公司的合法权益受法律保护，不受侵犯。

第四条　有限责任公司的股东以其认缴的出资额为限对公司承担责任；股份有限公司的股东以其认购的股份为限对公司承担责任。

公司股东对公司依法享有资产收益、参与重大决策和选择管理者等权利。

第五条　设立公司应当依法制定公司章程。公司章程对公司、股东、董事、监事、高级管理人员具有约束力。

第六条　公司应当有自己的名称。公司名称应当符合国家有关规定。

公司的名称权受法律保护。

第七条　依照本法设立的有限责任公司，应当在公司名称中标明有限责任公司或者有限公司字样。

依照本法设立的股份有限公司，应当在公司名称中标明股份有限公司或者股份公司字样。

第八条　公司以其主要办事机构所在地为住所。

第九条　公司的经营范围由公司章程规定。公司可以修改公司章程，变更经营范围。

公司的经营范围中属于法律、行政法规规定须经批准的项目，应当依法经过批准。

第十条　公司的法定代表人按照公司章程的规定，由代表公司执行公司事务的董事或者经理担任。

担任法定代表人的董事或者经理辞任的，视为同时辞去法定代表人。

法定代表人辞任的，公司应当在法定代表人辞任之日起三十日内确定新的法定代表人。

第十一条 法定代表人以公司名义从事的民事活动，其法律后果由公司承受。

公司章程或者股东会对法定代表人职权的限制，不得对抗善意相对人。

法定代表人因执行职务造成他人损害的，由公司承担民事责任。公司承担民事责任后，依照法律或者公司章程的规定，可以向有过错的法定代表人追偿。

第十二条 有限责任公司变更为股份有限公司，应当符合本法规定的股份有限公司的条件。股份有限公司变更为有限责任公司，应当符合本法规定的有限责任公司的条件。

有限责任公司变更为股份有限公司的，或者股份有限公司变更为有限责任公司的，公司变更前的债权、债务由变更后的公司承继。

第十三条 公司可以设立子公司。子公司具有法人资格，依法独立承担民事责任。

公司可以设立分公司。分公司不具有法人资格，其民事责任由公司承担。

第十四条 公司可以向其他企业投资。

法律规定公司不得成为对所投资企业的债务承担连带责任的出资人的，从其规定。

第十五条 公司向其他企业投资或者为他人提供担保，按照公司章程的规定，由董事会或者股东会决议；公司章程对投资或者担保的总额及单项投资或者担保的数额有限额规定的，不得超过规定的限额。

公司为公司股东或者实际控制人提供担保的，应当经股东会决议。

前款规定的股东或者受前款规定的实际控制人支配的股东，不得参加前款规定事项的表决。该项表决由出席会议的其他股东所持表决权的过半数通过。

第十六条 公司应当保护职工的合法权益，依法与职工签订劳动合同，参加社会保险，加强劳动保护，实现安全生产。

公司应当采用多种形式，加强公司职工的职业教育和岗位培训，提高职工素质。

第十七条 公司职工依照《中华人民共和国工会法》组织工会，开展工会活动，维护职工合法权益。公司应当为本公司工会提供必要的活动条件。公司工会代表职工就职工的劳动报酬、工作时间、休息休假、劳动安全卫生和保险福利等事项依法与公司签订集体合同。

公司依照宪法和有关法律的规定，建立健全以职工代表大会为基本形式的民主管理制度，通过职工代表大会或者其他形式，实行民主管理。

公司研究决定改制、解散、申请破产以及经营方面的重大问题、制定重要的规章制度时，应当听取公司工会的意见，并通过职工代表大会或者其他形式听取职工的意见和建议。

第十八条 在公司中，根据中国共产党章程的规定，设立中国共产党的组织，开展党的活动。公司应当为党组织的活动提供必要条件。

第十九条 公司从事经营活动，应当遵守法律法规，遵守社会公德、商业道德，诚实守信，接受政府和社会公众的监督。

第二十条 公司从事经营活动，应当充分考虑公司职工、消费者等利益相关者的利益以及生态环境保护等社会公共利益，承担社会责任。

国家鼓励公司参与社会公益活动，公布社会责任报告。

第二十一条 公司股东应当遵守法律、行政法规和公司章程，依法行使股东权利，不得滥用股东权利损害公司或者其他股东的利益。

公司股东滥用股东权利给公司或者其他股东造成损失的，应当承担赔偿责任。

第二十二条 公司的控股股东、实际控制人、董事、监事、高级管理人员不得利用关联关系损害公司利益。

违反前款规定，给公司造成损失的，应当承担赔偿责任。

第二十三条 公司股东滥用公司法人独立地位和股东有限责任，逃避债务，严重损害公司债权人利益的，应当对公司债务承担连带责任。

股东利用其控制的两个以上公司实施前款规定行为的，各公司应当对任一公司的债务承担连带责任。

只有一个股东的公司，股东不能证明公司财产独立于股东自己的财产的，应当对公司债务承担连带责任。

第二十四条 公司股东会、董事会、监事会召开会议和表决可以采用电子通信方式，公司章程另有规定的除外。

第二十五条 公司股东会、董事会的决议内容违反法律、行政法规的无效。

第二十六条 公司股东会、董事会的会议召集程序、表决方式违反法律、行政法规或者公司章程，或者决议内容违反公司章程的，股东自决议作出之日起六十日内，可以请求人民法院撤销。但是，股东会、董事会的会议召集程序或者表决方式仅有轻微瑕疵，对决议未产生实质影响的除外。

未被通知参加股东会会议的股东自知道或者应当知道股东会决议作出之日起六十日内，可以请求人民法院撤销；自决议作出之日起一年内没有行使撤销权的，撤销权消灭。

第二十七条 有下列情形之一的，公司股东会、董事会的决议不成立：

（一）未召开股东会、董事会会议作出决议；

（二）股东会、董事会会议未对决议事项进行表决；

（三）出席会议的人数或者所持表决权数未达到本法或者公司章程规定的人数或者所持表决权数；

（四）同意决议事项的人数或者所持表决权数未达到本法或者公司章程规定的人数或者所持表决权数。

第二十八条 公司股东会、董事会决议被人民法院宣告无效、撤销或者确认不成立的，公司应当向公司登记机关申请撤销根据该决议已办理的登记。

股东会、董事会决议被人民法院宣告无效、撤销或者确认不成立的，公司根据该决议与善意相对人形成的民事法律关系不受影响。

第二章　公　司　登　记

第二十九条 设立公司，应当依法向公司登记机关申请设立登记。

法律、行政法规规定设立公司必须报经批准的，应当在公司登记前依法办理批准手续。

第三十条 申请设立公司，应当提交设立登记申请书、公司章程等文件，提交的相关材料应当真实、合法和有效。

申请材料不齐全或者不符合法定形式的，公司登记机关应当一次性告知需要补正的材料。

第三十一条 申请设立公司，符合本法规定的设立条件的，由公司登记机关分别登记为有限责任公司或者股份有限公司；不符合本法规定的设立条件的，不得登记为有限责任公司或者股份有限公司。

第三十二条 公司登记事项包括：

（一）名称；

（二）住所；

（三）注册资本；

（四）经营范围；

（五）法定代表人的姓名；

（六）有限责任公司股东、股份有限公司发起人的姓名或者名称。

公司登记机关应当将前款规定的公司登记事项通过国家企业信用信息公示系统向社会公示。

第三十三条 依法设立的公司，由公司登记机关发给公司营业执照。公司营业执照签发日期为公司成立日期。

公司营业执照应当载明公司的名称、住所、注册资本、经营范围、法定代表人姓名等事项。

公司登记机关可以发给电子营业执照。电子营业执照与纸质营业执照具有同等法律效力。

第三十四条 公司登记事项发生变更的，应当依法办理变更登记。

公司登记事项未经登记或者未经变更登记，不得对抗善意相对人。

第三十五条 公司申请变更登记，应当向公司登记机关提交公司法定代表人签署的变更登记申请书、依法作出的变更决议或者决定等文件。

公司变更登记事项涉及修改公司章程的，应当提交修改后的公司章程。

公司变更法定代表人的，变更登记申请书由变更后的法定代表人签署。

第三十六条 公司营业执照记载的事项发生变更的，公司办理变更登记后，由公司登记机关换发营业执照。

第三十七条 公司因解散、被宣告破产或者其他法定事由需要终止的，应当依法向公司登记机关申请注销登记，由公司登记机关公告公司终止。

第三十八条 公司设立分公司，应当向公司登记机关申请登记，领取营业执照。

第三十九条 虚报注册资本、提交虚假材料或者采取其他欺诈手段隐瞒重要事实取得公司设立登记的，公司登记机关应当依照法律、行政法规的规定予以撤销。

第四十条 公司应当按照规定通过国家企业信用信息公示系统公示下列事项：

（一）有限责任公司股东认缴和实缴的出资额、出资方式和出资日期，股份有限公司发起人认购的股份数；

（二）有限责任公司股东、股份有限公司发起人的股权、股份变更信息；

（三）行政许可取得、变更、注销等信息；

（四）法律、行政法规规定的其他信息。

公司应当确保前款公示信息真实、准确、完整。

第四十一条 公司登记机关应当优化公司登记办理流程，提高公司登记效率，加强信息化建设，推行网上办理等便捷方式，提升公司登记便利化水平。

国务院市场监督管理部门根据本法和有关法律、行政法规的规定，制定公司登记注册的具体办法。

第三章　有限责任公司的设立和组织机构

第一节　设　　立

第四十二条 有限责任公司由一个以上五十个以下股东出资设立。

第四十三条 有限责任公司设立时的股东可以签订设立协议，明确各自在公司设立过程中的权利和义务。

第四十四条 有限责任公司设立时的股东为设立公司从事的民事活动，其法律后果由公司承受。

公司未成立的，其法律后果由公司设立时的股东承受；设立时的股东为二人以上的，享有连带债权，承担连带债务。

设立时的股东为设立公司以自己的名义从事民事活动产生的民事责任，第三人有权选择请求公司或者公司设立时的股东承担。

设立时的股东因履行公司设立职责造成他人损害的，公司或者无过错的股东承担赔偿责任后，可以向有过错的股东追偿。

第四十五条 设立有限责任公司，应当由股东共同制定公司章程。

第四十六条 有限责任公司章程应当载明下列事项：

（一）公司名称和住所；

（二）公司经营范围；

（三）公司注册资本；

（四）股东的姓名或者名称；

（五）股东的出资额、出资方式和出资日期；

（六）公司的机构及其产生办法、职权、议事规则；

（七）公司法定代表人的产生、变更办法；

（八）股东会认为需要规定的其他事项。

股东应当在公司章程上签名或者盖章。

第四十七条 有限责任公司的注册资本为在公司登记机关登记的全体股东认缴的出资额。全体股东认缴的出资额由股东按照公司章程的规定自公司成立之日起五年内缴足。

法律、行政法规以及国务院决定对有限责任公司注册资本实缴、注册资本最低限额、股东出资期限另有规定的，从其规定。

第四十八条 股东可以用货币出资，也可以用实物、知识产权、土地使用权、股权、债权等可以用货币估价并可以依法转让的非货币财产作价出资；但是，法律、行政法规规定不得作为出资的财产除外。

对作为出资的非货币财产应当评估作价，核实财产，不得高估或者低估作价。法律、行政法规对评估作价有规定的，从其规定。

第四十九条 股东应当按期足额缴纳公司章程规定的各自所认缴的出资额。

股东以货币出资的，应当将货币出资足额存入有限责任公司在银行开设的账户；以非货币财产出资的，应当依法办理其财产权的转移手续。

股东未按期足额缴纳出资的，除应当向公司足额缴纳外，还应当对给公司造成的损失承担赔偿责任。

第五十条 有限责任公司设立时，股东未按照公司章程规定实际缴纳出资，或者实际出资的非货币财产的实际价额显著低于所认缴的出资额的，设立时的其他股东与该股东在出资不足的范围内承担连带责任。

第五十一条 有限责任公司成立后，董事会应当对股东的出资情况进行核查，发现股东未按期足额缴纳公司章程规定的出资的，应当由公司向该股东发出书面催缴书，催缴出资。

未及时履行前款规定的义务，给公司造成损失的，负有责任的董事应当承担赔偿责任。

第五十二条 股东未按照公司章程规定的出资日期缴纳出资，公司依照前条第一款规定发出书面催缴书催缴出资的，可以载明缴纳出资的宽限期；宽限期自公司发出催缴书之日起，不得少于六十日。宽限期届满，股东仍未履行出资义务的，公司经董事会决议可以向该股东发出失权通知，通知应当以书面形式发出。自通知发出之日起，该股东丧失其未缴纳出资的股权。

依照前款规定丧失的股权应当依法转让，或者相应减少注册资本并注销该股权；六个月内未转让或者注销的，由公司其他股东按照其出资比例足额缴纳相应出资。

股东对失权有异议的，应当自接到失权通知之日起三十日内，向人民法院提起诉讼。

第五十三条 公司成立后，股东不得抽逃出资。

违反前款规定的，股东应当返还抽逃的出资；给公司造成损失的，负有责任的董事、监事、高级管理人员应当与该股东承担连带赔偿责任。

第五十四条 公司不能清偿到期债务的，公司或者已到期债权的债权人有权要求已认缴出资但未届出资期限的股东提前缴纳出资。

第五十五条 有限责任公司成立后，应当向股东签发出资证明书，记载下列事项：

（一）公司名称；

（二）公司成立日期；

（三）公司注册资本；

（四）股东的姓名或者名称、认缴和实缴的出资额、出资方式和出资日期；

（五）出资证明书的编号和核发日期。

出资证明书由法定代表人签名，并由公司盖章。

第五十六条 有限责任公司应当置备股东名册，记载下列事项：

（一）股东的姓名或者名称及住所；

（二）股东认缴和实缴的出资额、出资方式和出资日期；

（三）出资证明书编号；

（四）取得和丧失股东资格的日期。

记载于股东名册的股东，可以依股东名册主张行使股东权利。

第五十七条 股东有权查阅、复制公司章程、股东名册、股东会会议记录、董事会会议决议、监事会会议决议和财务会计报告。

股东可以要求查阅公司会计账簿、会计凭证。股东要求查阅公司会计账簿、会计凭证的，应当向公司提出书面请求，说明目的。公司有合理根据认为股东查阅会计账簿、会计凭证有不正当目的，可能损害公司合法利益的，可以拒绝提供查阅，并应当自股东提出书面请求之日起十五日内书面答复股东并说明理由。公司拒绝提供查阅的，股东可以向人民法院提起诉讼。

股东查阅前款规定的材料，可以委托会计师事务所、律师事务所等中介机构进行。

股东及其委托的会计师事务所、律师事务所等中介机构查阅、复制有关材料，应当遵守有关保护国家秘密、商业秘密、个人隐私、个人信息等法律、行政法规的规定。

股东要求查阅、复制公司全资子公司相关材料的，适用前四款的规定。

第二节 组织机构

第五十八条 有限责任公司股东会由全体股东组成。股东会是公司的权力机构，依照本法行使职权。

第五十九条 股东会行使下列职权：

（一）选举和更换董事、监事，决定有关董事、监事的报酬事项；

（二）审议批准董事会的报告；

（三）审议批准监事会的报告；

（四）审议批准公司的利润分配方案和弥补亏损方案；

（五）对公司增加或者减少注册资本作出决议；

（六）对发行公司债券作出决议；

（七）对公司合并、分立、解散、清算或者变更公司形式作出决议；

（八）修改公司章程；

（九）公司章程规定的其他职权。

股东会可以授权董事会对发行公司债券作出决议。

对本条第一款所列事项股东以书面形式一致表示同意的，可以不召开股东会会议，直接作出决定，并由全体股东在决定文件上签名或者盖章。

第六十条 只有一个股东的有限责任公司不设股东会。股东作出前条第一款所列事项的决定时，应当采用书面形式，并由股东签名或者盖章后置备于公司。

第六十一条　首次股东会会议由出资最多的股东召集和主持，依照本法规定行使职权。

第六十二条　股东会会议分为定期会议和临时会议。

定期会议应当按照公司章程的规定按时召开。代表十分之一以上表决权的股东、三分之一以上的董事或者监事会提议召开临时会议的，应当召开临时会议。

第六十三条　股东会会议由董事会召集，董事长主持；董事长不能履行职务或者不履行职务的，由副董事长主持；副董事长不能履行职务或者不履行职务的，由过半数的董事共同推举一名董事主持。

董事会不能履行或者不履行召集股东会会议职责的，由监事会召集和主持；监事会不召集和主持的，代表十分之一以上表决权的股东可以自行召集和主持。

第六十四条　召开股东会会议，应当于会议召开十五日前通知全体股东；但是，公司章程另有规定或者全体股东另有约定的除外。

股东会应当对所议事项的决定作成会议记录，出席会议的股东应当在会议记录上签名或者盖章。

第六十五条　股东会会议由股东按照出资比例行使表决权；但是，公司章程另有规定的除外。

第六十六条　股东会的议事方式和表决程序，除本法有规定的外，由公司章程规定。

股东会作出决议，应当经代表过半数表决权的股东通过。

股东会作出修改公司章程、增加或者减少注册资本的决议，以及公司合并、分立、解散或者变更公司形式的决议，应当经代表三分之二以上表决权的股东通过。

第六十七条　有限责任公司设董事会，本法第七十五条另有规定的除外。

董事会行使下列职权：

（一）召集股东会会议，并向股东会报告工作；

（二）执行股东会的决议；

（三）决定公司的经营计划和投资方案；

（四）制订公司的利润分配方案和弥补亏损方案；

（五）制订公司增加或者减少注册资本以及发行公司债券的方案；

（六）制订公司合并、分立、解散或者变更公司形式的方案；

（七）决定公司内部管理机构的设置；

（八）决定聘任或者解聘公司经理及其报酬事项，并根据经理的提名决定聘任或者解聘公司副经理、财务负责人及其报酬事项；

（九）制定公司的基本管理制度；

（十）公司章程规定或者股东会授予的其他职权。

公司章程对董事会职权的限制不得对抗善意相对人。

第六十八条 有限责任公司董事会成员为三人以上，其成员中可以有公司职工代表。职工人数三百人以上的有限责任公司，除依法设监事会并有公司职工代表的外，其董事会成员中应当有公司职工代表。董事会中的职工代表由公司职工通过职工代表大会、职工大会或者其他形式民主选举产生。

董事会设董事长一人，可以设副董事长。董事长、副董事长的产生办法由公司章程规定。

第六十九条 有限责任公司可以按照公司章程的规定在董事会中设置由董事组成的审计委员会，行使本法规定的监事会的职权，不设监事会或者监事。公司董事会成员中的职工代表可以成为审计委员会成员。

第七十条 董事任期由公司章程规定，但每届任期不得超过三年。董事任期届满，连选可以连任。

董事任期届满未及时改选，或者董事在任期内辞任导致董事会成员低于法定人数的，在改选出的董事就任前，原董事仍应当依照法律、行政法规和公司章程的规定，履行董事职务。

董事辞任的，应当以书面形式通知公司，公司收到通知之日辞任生效，但存在前款规定情形的，董事应当继续履行职务。

第七十一条 股东会可以决议解任董事，决议作出之日解任生效。

无正当理由，在任期届满前解任董事的，该董事可以要求公司予以赔偿。

第七十二条 董事会会议由董事长召集和主持；董事长不能履行职务或者不履行职务的，由副董事长召集和主持；副董事长不能履行职务或者不履行职务的，由过半数的董事共同推举一名董事召集和主持。

第七十三条 董事会的议事方式和表决程序，除本法有规定的外，由公司章程规定。

董事会会议应当有过半数的董事出席方可举行。董事会作出决议，应当经全体董事的过半数通过。

董事会决议的表决，应当一人一票。

董事会应当对所议事项的决定作成会议记录，出席会议的董事应当在会议记录上签名。

第七十四条 有限责任公司可以设经理，由董事会决定聘任或者解聘。

经理对董事会负责，根据公司章程的规定或者董事会的授权行使职权。经理列席董事会会议。

第七十五条 规模较小或者股东人数较少的有限责任公司，可以不设董事会，设一名董事，行使本法规定的董事会的职权。该董事可以兼任公司经理。

第七十六条 有限责任公司设监事会，本法第六十九条、第八十三条另有规定的除外。

监事会成员为三人以上。监事会成员应当包括股东代表和适当比例的公司职工代表，其中职工代表的比例不得低于三分之一，具体比例由公司章程规定。监事会中的职工代表由公司职工通过职工代表大会、职工大会或者其他形式民主选举产生。

监事会设主席一人，由全体监事过半数选举产生。监事会主席召集和主持监事会会议；监事会主席不能履行职务或者不履行职务的，由过半数的监事共同推举一名监事召集和主持监事会会议。

董事、高级管理人员不得兼任监事。

第七十七条 监事的任期每届为三年。监事任期届满，连选可以连任。

监事任期届满未及时改选，或者监事在任期内辞任导致监事会成员低于法定人数的，在改选出的监事就任前，原监事仍应当依照法律、行政法规和公司章程的规定，履行监事职务。

第七十八条 监事会行使下列职权：

（一）检查公司财务；

（二）对董事、高级管理人员执行职务的行为进行监督，对违反法律、行政法规、公司章程或者股东会决议的董事、高级管理人员提出解任的建议；

（三）当董事、高级管理人员的行为损害公司的利益时，要求董事、高级管理人员予以纠正；

（四）提议召开临时股东会会议，在董事会不履行本法规定的召集和主持股东会会议职责时召集和主持股东会会议；

（五）向股东会会议提出提案；

（六）依照本法第一百八十九条的规定，对董事、高级管理人员提起诉讼；

（七）公司章程规定的其他职权。

第七十九条 监事可以列席董事会会议，并对董事会决议事项提出质询或者建议。

监事会发现公司经营情况异常，可以进行调查；必要时，可以聘请会计师事务所等协助其工作，费用由公司承担。

第八十条 监事会可以要求董事、高级管理人员提交执行职务的报告。

董事、高级管理人员应当如实向监事会提供有关情况和资料，不得妨碍监事会或者监事行使职权。

第八十一条 监事会每年度至少召开一次会议，监事可以提议召开临时监事会会议。

监事会的议事方式和表决程序，除本法有规定的外，由公司章程规定。

监事会决议应当经全体监事的过半数通过。

监事会决议的表决，应当一人一票。

监事会应当对所议事项的决定作成会议记录，出席会议的监事应当在会议记录上签名。

第八十二条 监事会行使职权所必需的费用，由公司承担。

第八十三条 规模较小或者股东人数较少的有限责任公司，可以不设监事会，设一名监事，行使本法规定的监事会的职权；经全体股东一致同意，也可以不设监事。

第四章　有限责任公司的股权转让

第八十四条 有限责任公司的股东之间可以相互转让其全部或者部分股权。

股东向股东以外的人转让股权的，应当将股权转让的数量、价格、支付方式和期限等事项书面通知其他股东，其他股东在同等条件下有优先购买权。股东自接到书面通知之日起三十日内未答复的，视为放弃优先购买权。两个以上股东行使优先购买权的，协商确定各自的购买比例；协商不成的，按照转让时各自的出资比例行使优先购买权。

公司章程对股权转让另有规定的，从其规定。

第八十五条 人民法院依照法律规定的强制执行程序转让股东的股权时，应当通知公司及全体股东，其他股东在同等条件下有优先购买权。其他股东自人民法院通知之日起满二十日不行使优先购买权的，视为放弃优先购买权。

第八十六条 股东转让股权的，应当书面通知公司，请求变更股东名册；需要办理变更登记的，并请求公司向公司登记机关办理变更登记。公司拒绝或者在合理期限内不予答复的，转让人、受让人可以依法向人民法院提起诉讼。

股权转让的，受让人自记载于股东名册时起可以向公司主张行使股东权利。

第八十七条 依照本法转让股权后，公司应当及时注销原股东的出资证明书，向新股东签发出资证明书，并相应修改公司章程和股东名册中有关股东及其出资额的记载。对公司章程的该项修改不需再由股东会表决。

第八十八条 股东转让已认缴出资但未届出资期限的股权的，由受让人承担缴纳该出资的义务；受让人未按期足额缴纳出资的，转让人对受让人未按期缴纳的出资承担补充责任。

未按照公司章程规定的出资日期缴纳出资或者作为出资的非货币财产的实际价额显著低于所认缴的出资额的股东转让股权的，转让人与受让人在出资不足的范围内承担连带责任；受让人不知道且不应当知道存在上述情形的，由转让人承担责任。

第八十九条 有下列情形之一的，对股东会该项决议投反对票的股东可以请求公司按照合理的价格收购其股权：

（一）公司连续五年不向股东分配利润，而公司该五年连续盈利，并且符合本法规定的分配利润条件；

（二）公司合并、分立、转让主要财产；

（三）公司章程规定的营业期限届满或者章程规定的其他解散事由出现，股东会通过决议修改章程使公司存续。

自股东会决议作出之日起六十日内，股东与公司不能达成股权收购协议的，股东可以自股东会决议作出之日起九十日内向人民法院提起诉讼。

公司的控股股东滥用股东权利，严重损害公司或者其他股东利益的，其他股东有权请求公司按照合理的价格收购其股权。

公司因本条第一款、第三款规定的情形收购的本公司股权，应当在六个月内依法转让或者注销。

第九十条 自然人股东死亡后，其合法继承人可以继承股东资格；但是，公司章程另有规定的除外。

第五章　股份有限公司的设立和组织机构

第一节　设　立

第九十一条 设立股份有限公司，可以采取发起设立或者募集设立的方式。

发起设立，是指由发起人认购设立公司时应发行的全部股份而设立公司。

募集设立，是指由发起人认购设立公司时应发行股份的一部分，其余股份向特定对象募集或者向社会公开募集而设立公司。

第九十二条 设立股份有限公司，应当有一人以上二百人以下为发起人，其中应当有半数以上的发起人在中华人民共和国境内有住所。

第九十三条 股份有限公司发起人承担公司筹办事务。

发起人应当签订发起人协议，明确各自在公司设立过程中的权利和义务。

第九十四条 设立股份有限公司，应当由发起人共同制订公司章程。

第九十五条 股份有限公司章程应当载明下列事项：

（一）公司名称和住所；

（二）公司经营范围；

（三）公司设立方式；

（四）公司注册资本、已发行的股份数和设立时发行的股份数，面额股的每股金额；

（五）发行类别股的，每一类别股的股份数及其权利和义务；

（六）发起人的姓名或者名称、认购的股份数、出资方式；

（七）董事会的组成、职权和议事规则；

（八）公司法定代表人的产生、变更办法；

（九）监事会的组成、职权和议事规则；

（十）公司利润分配办法；

（十一）公司的解散事由与清算办法；

（十二）公司的通知和公告办法；

（十三）股东会认为需要规定的其他事项。

第九十六条　股份有限公司的注册资本为在公司登记机关登记的已发行股份的股本总额。在发起人认购的股份缴足前，不得向他人募集股份。

法律、行政法规以及国务院决定对股份有限公司注册资本最低限额另有规定的，从其规定。

第九十七条　以发起设立方式设立股份有限公司的，发起人应当认足公司章程规定的公司设立时应发行的股份。

以募集设立方式设立股份有限公司的，发起人认购的股份不得少于公司章程规定的公司设立时应发行股份总数的百分之三十五；但是，法律、行政法规另有规定的，从其规定。

第九十八条　发起人应当在公司成立前按照其认购的股份全额缴纳股款。

发起人的出资，适用本法第四十八条、第四十九条第二款关于有限责任公司股东出资的规定。

第九十九条　发起人不按照其认购的股份缴纳股款，或者作为出资的非货币财产的实际价额显著低于所认购的股份的，其他发起人与该发起人在出资不足的范围内承担连带责任。

第一百条　发起人向社会公开募集股份，应当公告招股说明书，并制作认股书。认股书应当载明本法第一百五十四条第二款、第三款所列事项，由认股人填写认购的股份数、金额、住所，并签名或者盖章。认股人应当按照所认购股份足额缴纳股款。

第一百零一条　向社会公开募集股份的股款缴足后，应当经依法设立的验资机构验资并出具证明。

第一百零二条　股份有限公司应当制作股东名册并置备于公司。股东名册应当记载下列事项：

（一）股东的姓名或者名称及住所；

（二）各股东所认购的股份种类及股份数；

（三）发行纸面形式的股票的，股票的编号；

（四）各股东取得股份的日期。

第一百零三条 募集设立股份有限公司的发起人应当自公司设立时应发行股份的股款缴足之日起三十日内召开公司成立大会。发起人应当在成立大会召开十五日前将会议日期通知各认股人或者予以公告。成立大会应当有持有表决权过半数的认股人出席，方可举行。

以发起设立方式设立股份有限公司成立大会的召开和表决程序由公司章程或者发起人协议规定。

第一百零四条 公司成立大会行使下列职权：

（一）审议发起人关于公司筹办情况的报告；

（二）通过公司章程；

（三）选举董事、监事；

（四）对公司的设立费用进行审核；

（五）对发起人非货币财产出资的作价进行审核；

（六）发生不可抗力或者经营条件发生重大变化直接影响公司设立的，可以作出不设立公司的决议。

成立大会对前款所列事项作出决议，应当经出席会议的认股人所持表决权过半数通过。

第一百零五条 公司设立时应发行的股份未募足，或者发行股份的股款缴足后，发起人在三十日内未召开成立大会的，认股人可以按照所缴股款并加算银行同期存款利息，要求发起人返还。

发起人、认股人缴纳股款或者交付非货币财产出资后，除未按期募足股份、发起人未按期召开成立大会或者成立大会决议不设立公司的情形外，不得抽回其股本。

第一百零六条 董事会应当授权代表，于公司成立大会结束后三十日内向公司登记机关申请设立登记。

第一百零七条 本法第四十四条、第四十九条第三款、第五十一条、第五十二条、第五十三条的规定，适用于股份有限公司。

第一百零八条 有限责任公司变更为股份有限公司时，折合的实收股本总额不得高于公司净资产额。有限责任公司变更为股份有限公司，为增加注册资本公开发行股份时，应当依法办理。

第一百零九条 股份有限公司应当将公司章程、股东名册、股东会会议记录、董事会会议记录、监事会会议记录、财务会计报告、债券持有人名册置备于本公司。

第一百一十条 股东有权查阅、复制公司章程、股东名册、股东会会议记录、董事会会议决议、监事会会议决议、财务会计报告，对公司的经营提出建议或者质询。

连续一百八十日以上单独或者合计持有公司百分之三以上股份的股东要求查阅公司的会计账簿、会计凭证的,适用本法第五十七条第二款、第三款、第四款的规定。公司章程对持股比例有较低规定的,从其规定。

股东要求查阅、复制公司全资子公司相关材料的,适用前两款的规定。

上市公司股东查阅、复制相关材料的,应当遵守《中华人民共和国证券法》等法律、行政法规的规定。

第二节 股 东 会

第一百一十一条 股份有限公司股东会由全体股东组成。股东会是公司的权力机构,依照本法行使职权。

第一百一十二条 本法第五十九条第一款、第二款关于有限责任公司股东会职权的规定,适用于股份有限公司股东会。

本法第六十条关于只有一个股东的有限责任公司不设股东会的规定,适用于只有一个股东的股份有限公司。

第一百一十三条 股东会应当每年召开一次年会。有下列情形之一的,应当在两个月内召开临时股东会会议:

(一)董事人数不足本法规定人数或者公司章程所定人数的三分之二时;

(二)公司未弥补的亏损达股本总额三分之一时;

(三)单独或者合计持有公司百分之十以上股份的股东请求时;

(四)董事会认为必要时;

(五)监事会提议召开时;

(六)公司章程规定的其他情形。

第一百一十四条 股东会会议由董事会召集,董事长主持;董事长不能履行职务或者不履行职务的,由副董事长主持;副董事长不能履行职务或者不履行职务的,由过半数的董事共同推举一名董事主持。

董事会不能履行或者不履行召集股东会会议职责的,监事会应当及时召集和主持;监事会不召集和主持的,连续九十日以上单独或者合计持有公司百分之十以上股份的股东可以自行召集和主持。

单独或者合计持有公司百分之十以上股份的股东请求召开临时股东会会议的,董事会、监事会应当在收到请求之日起十日内作出是否召开临时股东会会议的决定,并书面答复股东。

第一百一十五条 召开股东会会议,应当将会议召开的时间、地点和审议的事项于会议召开二十日前通知各股东;临时股东会会议应当于会议召开十五日前通知各股东。

单独或者合计持有公司百分之一以上股份的股东,可以在股东会会议召开十日前提出临时提案并书面提交董事会。临时提案应当有明确议题和具体决议事项。董事会应当在收到提案后二日内通知其他股东，并将该临时提案提交股东会审议；但临时提案违反法律、行政法规或者公司章程的规定，或者不属于股东会职权范围的除外。公司不得提高提出临时提案股东的持股比例。

公开发行股份的公司，应当以公告方式作出前两款规定的通知。

股东会不得对通知中未列明的事项作出决议。

第一百一十六条　股东出席股东会会议，所持每一股份有一表决权，类别股股东除外。公司持有的本公司股份没有表决权。

股东会作出决议，应当经出席会议的股东所持表决权过半数通过。

股东会作出修改公司章程、增加或者减少注册资本的决议，以及公司合并、分立、解散或者变更公司形式的决议，应当经出席会议的股东所持表决权的三分之二以上通过。

第一百一十七条　股东会选举董事、监事，可以按照公司章程的规定或者股东会的决议，实行累积投票制。

本法所称累积投票制，是指股东会选举董事或者监事时，每一股份拥有与应选董事或者监事人数相同的表决权，股东拥有的表决权可以集中使用。

第一百一十八条　股东委托代理人出席股东会会议的，应当明确代理人代理的事项、权限和期限；代理人应当向公司提交股东授权委托书，并在授权范围内行使表决权。

第一百一十九条　股东会应当对所议事项的决定作成会议记录，主持人、出席会议的董事应当在会议记录上签名。会议记录应当与出席股东的签名册及代理出席的委托书一并保存。

第三节　董事会、经理

第一百二十条　股份有限公司设董事会，本法第一百二十八条另有规定的除外。

本法第六十七条、第六十八条第一款、第七十条、第七十一条的规定，适用于股份有限公司。

第一百二十一条　股份有限公司可以按照公司章程的规定在董事会中设置由董事组成的审计委员会，行使本法规定的监事会的职权，不设监事会或者监事。

审计委员会成员为三名以上，过半数成员不得在公司担任除董事以外的其他职务，且不得与公司存在任何可能影响其独立客观判断的关系。公司董事会成员中的职工代表可以成为审计委员会成员。

审计委员会作出决议，应当经审计委员会成员的过半数通过。

审计委员会决议的表决，应当一人一票。

审计委员会的议事方式和表决程序，除本法有规定的外，由公司章程规定。

公司可以按照公司章程的规定在董事会中设置其他委员会。

第一百二十二条 董事会设董事长一人，可以设副董事长。董事长和副董事长由董事会以全体董事的过半数选举产生。

董事长召集和主持董事会会议，检查董事会决议的实施情况。副董事长协助董事长工作，董事长不能履行职务或者不履行职务的，由副董事长履行职务；副董事长不能履行职务或者不履行职务的，由过半数的董事共同推举一名董事履行职务。

第一百二十三条 董事会每年度至少召开两次会议，每次会议应当于会议召开十日前通知全体董事和监事。

代表十分之一以上表决权的股东、三分之一以上董事或者监事会，可以提议召开临时董事会会议。董事长应当自接到提议后十日内，召集和主持董事会会议。

董事会召开临时会议，可以另定召集董事会的通知方式和通知时限。

第一百二十四条 董事会会议应当有过半数的董事出席方可举行。董事会作出决议，应当经全体董事的过半数通过。

董事会决议的表决，应当一人一票。

董事会应当对所议事项的决定作成会议记录，出席会议的董事应当在会议记录上签名。

第一百二十五条 董事会会议，应当由董事本人出席；董事因故不能出席，可以书面委托其他董事代为出席，委托书应当载明授权范围。

董事应当对董事会的决议承担责任。董事会的决议违反法律、行政法规或者公司章程、股东会决议，给公司造成严重损失的，参与决议的董事对公司负赔偿责任；经证明在表决时曾表明异议并记载于会议记录的，该董事可以免除责任。

第一百二十六条 股份有限公司设经理，由董事会决定聘任或者解聘。

经理对董事会负责，根据公司章程的规定或者董事会的授权行使职权。经理列席董事会会议。

第一百二十七条 公司董事会可以决定由董事会成员兼任经理。

第一百二十八条 规模较小或者股东人数较少的股份有限公司，可以不设董事会，设一名董事，行使本法规定的董事会的职权。该董事可以兼任公司经理。

第一百二十九条 公司应当定期向股东披露董事、监事、高级管理人员从公司获得报酬的情况。

第四节 监 事 会

第一百三十条 股份有限公司设监事会，本法第一百二十一条第一款、第一百三十三条另有规定的除外。

监事会成员为三人以上。监事会成员应当包括股东代表和适当比例的公司职工代表，其中职工代表的比例不得低于三分之一，具体比例由公司章程规定。监事会中的职工代表由公司职工通过职工代表大会、职工大会或者其他形式民主选举产生。

监事会设主席一人，可以设副主席。监事会主席和副主席由全体监事过半数选举产生。监事会主席召集和主持监事会会议；监事会主席不能履行职务或者不履行职务的，由监事会副主席召集和主持监事会会议；监事会副主席不能履行职务或者不履行职务的，由过半数的监事共同推举一名监事召集和主持监事会会议。

董事、高级管理人员不得兼任监事。

本法第七十七条关于有限责任公司监事任期的规定，适用于股份有限公司监事。

第一百三十一条 本法第七十八条至第八十条的规定，适用于股份有限公司监事会。

监事会行使职权所必需的费用，由公司承担。

第一百三十二条 监事会每六个月至少召开一次会议。监事可以提议召开临时监事会会议。

监事会的议事方式和表决程序，除本法有规定的外，由公司章程规定。

监事会决议应当经全体监事的过半数通过。

监事会决议的表决，应当一人一票。

监事会应当对所议事项的决定作成会议记录，出席会议的监事应当在会议记录上签名。

第一百三十三条 规模较小或者股东人数较少的股份有限公司，可以不设监事会，设一名监事，行使本法规定的监事会的职权。

第五节 上市公司组织机构的特别规定

第一百三十四条 本法所称上市公司，是指其股票在证券交易所上市交易的股份有限公司。

第一百三十五条 上市公司在一年内购买、出售重大资产或者向他人提供担保的金额超过公司资产总额百分之三十的，应当由股东会作出决议，并经出席会议的股东所持表决权的三分之二以上通过。

第一百三十六条 上市公司设独立董事，具体管理办法由国务院证券监督管理机构规定。

上市公司的公司章程除载明本法第九十五条规定的事项外，还应当依照法律、行政法规的规定载明董事会专门委员会的组成、职权以及董事、监事、高级管理人员薪酬考核机制等事项。

第一百三十七条 上市公司在董事会中设置审计委员会的，董事会对下列事项作出决议前应当经审计委员会全体成员过半数通过：

（一）聘用、解聘承办公司审计业务的会计师事务所；

（二）聘任、解聘财务负责人；

（三）披露财务会计报告；

（四）国务院证券监督管理机构规定的其他事项。

第一百三十八条 上市公司设董事会秘书，负责公司股东会和董事会会议的筹备、文件保管以及公司股东资料的管理，办理信息披露事务等事宜。

第一百三十九条 上市公司董事与董事会会议决议事项所涉及的企业或者个人有关联关系的，该董事应当及时向董事会书面报告。有关联关系的董事不得对该项决议行使表决权，也不得代理其他董事行使表决权。该董事会会议由过半数的无关联关系董事出席即可举行，董事会会议所作决议须经无关联关系董事过半数通过。出席董事会会议的无关联关系董事人数不足三人的，应当将该事项提交上市公司股东会审议。

第一百四十条 上市公司应当依法披露股东、实际控制人的信息，相关信息应当真实、准确、完整。

禁止违反法律、行政法规的规定代持上市公司股票。

第一百四十一条 上市公司控股子公司不得取得该上市公司的股份。

上市公司控股子公司因公司合并、质权行使等原因持有上市公司股份的，不得行使所持股份对应的表决权，并应当及时处分相关上市公司股份。

第六章　股份有限公司的股份发行和转让

第一节　股份发行

第一百四十二条 公司的资本划分为股份。公司的全部股份，根据公司章程的规定择一采用面额股或者无面额股。采用面额股的，每一股的金额相等。

公司可以根据公司章程的规定将已发行的面额股全部转换为无面额股或者将无面额股全部转换为面额股。

采用无面额股的，应当将发行股份所得股款的二分之一以上计入注册资本。

第一百四十三条 股份的发行，实行公平、公正的原则，同类别的每一股份应当具有同等权利。

同次发行的同类别股份，每股的发行条件和价格应当相同；认购人所认购的股份，每股应当支付相同价额。

第一百四十四条　公司可以按照公司章程的规定发行下列与普通股权利不同的类别股：

（一）优先或者劣后分配利润或者剩余财产的股份；

（二）每一股的表决权数多于或者少于普通股的股份；

（三）转让须经公司同意等转让受限的股份；

（四）国务院规定的其他类别股。

公开发行股份的公司不得发行前款第二项、第三项规定的类别股；公开发行前已发行的除外。

公司发行本条第一款第二项规定的类别股的，对于监事或者审计委员会成员的选举和更换，类别股与普通股每一股的表决权数相同。

第一百四十五条　发行类别股的公司，应当在公司章程中载明以下事项：

（一）类别股分配利润或者剩余财产的顺序；

（二）类别股的表决权数；

（三）类别股的转让限制；

（四）保护中小股东权益的措施；

（五）股东会认为需要规定的其他事项。

第一百四十六条　发行类别股的公司，有本法第一百一十六条第三款规定的事项等可能影响类别股股东权利的，除应当依照第一百一十六条第三款的规定经股东会决议外，还应当经出席类别股股东会议的股东所持表决权的三分之二以上通过。

公司章程可以对需经类别股股东会议决议的其他事项作出规定。

第一百四十七条　公司的股份采取股票的形式。股票是公司签发的证明股东所持股份的凭证。

公司发行的股票，应当为记名股票。

第一百四十八条　面额股股票的发行价格可以按票面金额，也可以超过票面金额，但不得低于票面金额。

第一百四十九条　股票采用纸面形式或者国务院证券监督管理机构规定的其他形式。

股票采用纸面形式的，应当载明下列主要事项：

（一）公司名称；

（二）公司成立日期或者股票发行的时间；

（三）股票种类、票面金额及代表的股份数，发行无面额股的，股票代表的股份数。

股票采用纸面形式的，还应当载明股票的编号，由法定代表人签名，公司盖章。

发起人股票采用纸面形式的，应当标明发起人股票字样。

第一百五十条 股份有限公司成立后，即向股东正式交付股票。公司成立前不得向股东交付股票。

第一百五十一条 公司发行新股，股东会应当对下列事项作出决议：

（一）新股种类及数额；

（二）新股发行价格；

（三）新股发行的起止日期；

（四）向原有股东发行新股的种类及数额；

（五）发行无面额股的，新股发行所得股款计入注册资本的金额。

公司发行新股，可以根据公司经营情况和财务状况，确定其作价方案。

第一百五十二条 公司章程或者股东会可以授权董事会在三年内决定发行不超过已发行股份百分之五十的股份。但以非货币财产作价出资的应当经股东会决议。

董事会依照前款规定决定发行股份导致公司注册资本、已发行股份数发生变化的，对公司章程该项记载事项的修改不需再由股东会表决。

第一百五十三条 公司章程或者股东会授权董事会决定发行新股的，董事会决议应当经全体董事三分之二以上通过。

第一百五十四条 公司向社会公开募集股份，应当经国务院证券监督管理机构注册，公告招股说明书。

招股说明书应当附有公司章程，并载明下列事项：

（一）发行的股份总数；

（二）面额股的票面金额和发行价格或者无面额股的发行价格；

（三）募集资金的用途；

（四）认股人的权利和义务；

（五）股份种类及其权利和义务；

（六）本次募股的起止日期及逾期未募足时认股人可以撤回所认股份的说明。

公司设立时发行股份的，还应当载明发起人认购的股份数。

第一百五十五条 公司向社会公开募集股份，应当由依法设立的证券公司承销，签订承销协议。

第一百五十六条 公司向社会公开募集股份，应当同银行签订代收股款协议。

代收股款的银行应当按照协议代收和保存股款，向缴纳股款的认股人出具收款单据，并负有向有关部门出具收款证明的义务。

公司发行股份募足股款后，应予公告。

第二节　股份转让

第一百五十七条　股份有限公司的股东持有的股份可以向其他股东转让，也可以向股东以外的人转让；公司章程对股份转让有限制的，其转让按照公司章程的规定进行。

第一百五十八条　股东转让其股份，应当在依法设立的证券交易场所进行或者按照国务院规定的其他方式进行。

第一百五十九条　股票的转让，由股东以背书方式或者法律、行政法规规定的其他方式进行；转让后由公司将受让人的姓名或者名称及住所记载于股东名册。

股东会会议召开前二十日内或者公司决定分配股利的基准日前五日内，不得变更股东名册。法律、行政法规或者国务院证券监督管理机构对上市公司股东名册变更另有规定的，从其规定。

第一百六十条　公司公开发行股份前已发行的股份，自公司股票在证券交易所上市交易之日起一年内不得转让。法律、行政法规或者国务院证券监督管理机构对上市公司的股东、实际控制人转让其所持有的本公司股份另有规定的，从其规定。

公司董事、监事、高级管理人员应当向公司申报所持有的本公司的股份及其变动情况，在就任时确定的任职期间每年转让的股份不得超过其所持有本公司股份总数的百分之二十五；所持本公司股份自公司股票上市交易之日起一年内不得转让。上述人员离职后半年内，不得转让其所持有的本公司股份。公司章程可以对公司董事、监事、高级管理人员转让其所持有的本公司股份作出其他限制性规定。

股份在法律、行政法规规定的限制转让期限内出质的，质权人不得在限制转让期限内行使质权。

第一百六十一条　有下列情形之一的，对股东会该项决议投反对票的股东可以请求公司按照合理的价格收购其股份，公开发行股份的公司除外：

（一）公司连续五年不向股东分配利润，而公司该五年连续盈利，并且符合本法规定的分配利润条件；

（二）公司转让主要财产；

（三）公司章程规定的营业期限届满或者章程规定的其他解散事由出现，股东会通过决议修改章程使公司存续。

自股东会决议作出之日起六十日内，股东与公司不能达成股份收购协议的，股东可以自股东会决议作出之日起九十日内向人民法院提起诉讼。

公司因本条第一款规定的情形收购的本公司股份，应当在六个月内依法转让或者注销。

第一百六十二条 公司不得收购本公司股份。但是，有下列情形之一的除外：

（一）减少公司注册资本；

（二）与持有本公司股份的其他公司合并；

（三）将股份用于员工持股计划或者股权激励；

（四）股东因对股东会作出的公司合并、分立决议持异议，要求公司收购其股份；

（五）将股份用于转换公司发行的可转换为股票的公司债券；

（六）上市公司为维护公司价值及股东权益所必需。

公司因前款第一项、第二项规定的情形收购本公司股份的，应当经股东会决议；公司因前款第三项、第五项、第六项规定的情形收购本公司股份的，可以按照公司章程或者股东会的授权，经三分之二以上董事出席的董事会会议决议。

公司依照本条第一款规定收购本公司股份后，属于第一项情形的，应当自收购之日起十日内注销；属于第二项、第四项情形的，应当在六个月内转让或者注销；属于第三项、第五项、第六项情形的，公司合计持有的本公司股份数不得超过本公司已发行股份总数的百分之十，并应当在三年内转让或者注销。

上市公司收购本公司股份的，应当依照《中华人民共和国证券法》的规定履行信息披露义务。上市公司因本条第一款第三项、第五项、第六项规定的情形收购本公司股份的，应当通过公开的集中交易方式进行。

公司不得接受本公司的股份作为质权的标的。

第一百六十三条 公司不得为他人取得本公司或者其母公司的股份提供赠与、借款、担保以及其他财务资助，公司实施员工持股计划的除外。

为公司利益，经股东会决议，或者董事会按照公司章程或者股东会的授权作出决议，公司可以为他人取得本公司或者其母公司的股份提供财务资助，但财务资助的累计总额不得超过已发行股本总额的百分之十。董事会作出决议应当经全体董事的三分之二以上通过。

违反前两款规定，给公司造成损失的，负有责任的董事、监事、高级管理人员应当承担赔偿责任。

第一百六十四条 股票被盗、遗失或者灭失，股东可以依照《中华人民共和国民事诉讼法》规定的公示催告程序，请求人民法院宣告该股票失效。人民法院宣告该股票失效后，股东可以向公司申请补发股票。

第一百六十五条 上市公司的股票，依照有关法律、行政法规及证券交易所交易规则上市交易。

第一百六十六条 上市公司应当依照法律、行政法规的规定披露相关信息。

第一百六十七条 自然人股东死亡后，其合法继承人可以继承股东资格；但是，股份转让受限的股份有限公司的章程另有规定的除外。

第七章 国家出资公司组织机构的特别规定

第一百六十八条 国家出资公司的组织机构，适用本章规定；本章没有规定的，适用本法其他规定。

本法所称国家出资公司，是指国家出资的国有独资公司、国有资本控股公司，包括国家出资的有限责任公司、股份有限公司。

第一百六十九条 国家出资公司，由国务院或者地方人民政府分别代表国家依法履行出资人职责，享有出资人权益。国务院或者地方人民政府可以授权国有资产监督管理机构或者其他部门、机构代表本级人民政府对国家出资公司履行出资人职责。

代表本级人民政府履行出资人职责的机构、部门，以下统称为履行出资人职责的机构。

第一百七十条 国家出资公司中中国共产党的组织，按照中国共产党章程的规定发挥领导作用，研究讨论公司重大经营管理事项，支持公司的组织机构依法行使职权。

第一百七十一条 国有独资公司章程由履行出资人职责的机构制定。

第一百七十二条 国有独资公司不设股东会，由履行出资人职责的机构行使股东会职权。履行出资人职责的机构可以授权公司董事会行使股东会的部分职权，但公司章程的制定和修改，公司的合并、分立、解散、申请破产，增加或者减少注册资本，分配利润，应当由履行出资人职责的机构决定。

第一百七十三条 国有独资公司的董事会依照本法规定行使职权。

国有独资公司的董事会成员中，应当过半数为外部董事，并应当有公司职工代表。

董事会成员由履行出资人职责的机构委派；但是，董事会成员中的职工代表由公司职工代表大会选举产生。

董事会设董事长一人，可以设副董事长。董事长、副董事长由履行出资人职责的机构从董事会成员中指定。

第一百七十四条 国有独资公司的经理由董事会聘任或者解聘。

经履行出资人职责的机构同意，董事会成员可以兼任经理。

第一百七十五条 国有独资公司的董事、高级管理人员，未经履行出资人职责的机构同意，不得在其他有限责任公司、股份有限公司或者其他经济组织兼职。

第一百七十六条 国有独资公司在董事会中设置由董事组成的审计委员会行使本法规定的监事会职权的，不设监事会或者监事。

第一百七十七条 国家出资公司应当依法建立健全内部监督管理和风险控制制度，加强内部合规管理。

第八章　公司董事、监事、高级管理人员的资格和义务

第一百七十八条 有下列情形之一的，不得担任公司的董事、监事、高级管理人员：

（一）无民事行为能力或者限制民事行为能力；

（二）因贪污、贿赂、侵占财产、挪用财产或者破坏社会主义市场经济秩序，被判处刑罚，或者因犯罪被剥夺政治权利，执行期满未逾五年，被宣告缓刑的，自缓刑考验期满之日起未逾二年；

（三）担任破产清算的公司、企业的董事或者厂长、经理，对该公司、企业的破产负有个人责任的，自该公司、企业破产清算完结之日起未逾三年；

（四）担任因违法被吊销营业执照、责令关闭的公司、企业的法定代表人，并负有个人责任的，自该公司、企业被吊销营业执照、责令关闭之日起未逾三年；

（五）个人因所负数额较大债务到期未清偿被人民法院列为失信被执行人。

违反前款规定选举、委派董事、监事或者聘任高级管理人员的，该选举、委派或者聘任无效。

董事、监事、高级管理人员在任职期间出现本条第一款所列情形的，公司应当解除其职务。

第一百七十九条 董事、监事、高级管理人员应当遵守法律、行政法规和公司章程。

第一百八十条 董事、监事、高级管理人员对公司负有忠实义务，应当采取措施避免自身利益与公司利益冲突，不得利用职权牟取不正当利益。

董事、监事、高级管理人员对公司负有勤勉义务，执行职务应当为公司的最大利益尽到管理者通常应有的合理注意。

公司的控股股东、实际控制人不担任公司董事但实际执行公司事务的，适用前两款规定。

第一百八十一条 董事、监事、高级管理人员不得有下列行为：

（一）侵占公司财产、挪用公司资金；

（二）将公司资金以其个人名义或者其他个人名义开立账户存储；

（三）利用职权贿赂或者收受其他非法收入；

（四）接受他人与公司交易的佣金归为己有；

（五）擅自披露公司秘密；

（六）违反对公司忠实义务的其他行为。

第一百八十二条　董事、监事、高级管理人员，直接或者间接与本公司订立合同或者进行交易，应当就与订立合同或者进行交易有关的事项向董事会或者股东会报告，并按照公司章程的规定经董事会或者股东会决议通过。

董事、监事、高级管理人员的近亲属，董事、监事、高级管理人员或者其近亲属直接或者间接控制的企业，以及与董事、监事、高级管理人员有其他关联关系的关联人，与公司订立合同或者进行交易，适用前款规定。

第一百八十三条　董事、监事、高级管理人员，不得利用职务便利为自己或者他人谋取属于公司的商业机会。但是，有下列情形之一的除外：

（一）向董事会或者股东会报告，并按照公司章程的规定经董事会或者股东会决议通过；

（二）根据法律、行政法规或者公司章程的规定，公司不能利用该商业机会。

第一百八十四条　董事、监事、高级管理人员未向董事会或者股东会报告，并按照公司章程的规定经董事会或者股东会决议通过，不得自营或者为他人经营与其任职公司同类的业务。

第一百八十五条　董事会对本法第一百八十二条至第一百八十四条规定的事项决议时，关联董事不得参与表决，其表决权不计入表决权总数。出席董事会会议的无关联关系董事人数不足三人的，应当将该事项提交股东会审议。

第一百八十六条　董事、监事、高级管理人员违反本法第一百八十一条至第一百八十四条规定所得的收入应当归公司所有。

第一百八十七条　股东会要求董事、监事、高级管理人员列席会议的，董事、监事、高级管理人员应当列席并接受股东的质询。

第一百八十八条　董事、监事、高级管理人员执行职务违反法律、行政法规或者公司章程的规定，给公司造成损失的，应当承担赔偿责任。

第一百八十九条　董事、高级管理人员有前条规定的情形的，有限责任公司的股东、股份有限公司连续一百八十日以上单独或者合计持有公司百分之一以上股份的股东，可以书面请求监事会向人民法院提起诉讼；监事有前条规定的情形的，前述股东可以书面请求董事会向人民法院提起诉讼。

监事会或者董事会收到前款规定的股东书面请求后拒绝提起诉讼，或者自收到请求之日起三十日内未提起诉讼，或者情况紧急、不立即提起诉讼将会使公司利益受到难以弥补的损害的，前款规定的股东有权为公司利益以自己的名义直接向人民法院提起诉讼。

他人侵犯公司合法权益，给公司造成损失的，本条第一款规定的股东可以依照前两款的规定向人民法院提起诉讼。

公司全资子公司的董事、监事、高级管理人员有前条规定情形，或者他人侵犯公司全资子公司合法权益造成损失的，有限责任公司的股东、股份有限公司连续一百八十日以上单独或者合计持有公司百分之一以上股份的股东，可以依照前三款规定书面请求全资子公司的监事会、董事会向人民法院提起诉讼或者以自己的名义直接向人民法院提起诉讼。

第一百九十条　董事、高级管理人员违反法律、行政法规或者公司章程的规定，损害股东利益的，股东可以向人民法院提起诉讼。

第一百九十一条　董事、高级管理人员执行职务，给他人造成损害的，公司应当承担赔偿责任；董事、高级管理人员存在故意或者重大过失的，也应当承担赔偿责任。

第一百九十二条　公司的控股股东、实际控制人指示董事、高级管理人员从事损害公司或者股东利益的行为的，与该董事、高级管理人员承担连带责任。

第一百九十三条　公司可以在董事任职期间为董事因执行公司职务承担的赔偿责任投保责任保险。

公司为董事投保责任保险或者续保后，董事会应当向股东会报告责任保险的投保金额、承保范围及保险费率等内容。

第九章　公司债券

第一百九十四条　本法所称公司债券，是指公司发行的约定按期还本付息的有价证券。

公司债券可以公开发行，也可以非公开发行。

公司债券的发行和交易应当符合《中华人民共和国证券法》等法律、行政法规的规定。

第一百九十五条　公开发行公司债券，应当经国务院证券监督管理机构注册，公告公司债券募集办法。

公司债券募集办法应当载明下列主要事项：

（一）公司名称；

（二）债券募集资金的用途；

（三）债券总额和债券的票面金额；

（四）债券利率的确定方式；

（五）还本付息的期限和方式；

（六）债券担保情况；

（七）债券的发行价格、发行的起止日期；

（八）公司净资产额；

（九）已发行的尚未到期的公司债券总额；

（十）公司债券的承销机构。

第一百九十六条　公司以纸面形式发行公司债券的，应当在债券上载明公司名称、债券票面金额、利率、偿还期限等事项，并由法定代表人签名，公司盖章。

第一百九十七条　公司债券应当为记名债券。

第一百九十八条　公司发行公司债券应当置备公司债券持有人名册。

发行公司债券的，应当在公司债券持有人名册上载明下列事项：

（一）债券持有人的姓名或者名称及住所；

（二）债券持有人取得债券的日期及债券的编号；

（三）债券总额，债券的票面金额、利率、还本付息的期限和方式；

（四）债券的发行日期。

第一百九十九条　公司债券的登记结算机构应当建立债券登记、存管、付息、兑付等相关制度。

第二百条　公司债券可以转让，转让价格由转让人与受让人约定。

公司债券的转让应当符合法律、行政法规的规定。

第二百零一条　公司债券由债券持有人以背书方式或者法律、行政法规规定的其他方式转让；转让后由公司将受让人的姓名或者名称及住所记载于公司债券持有人名册。

第二百零二条　股份有限公司经股东会决议，或者经公司章程、股东会授权由董事会决议，可以发行可转换为股票的公司债券，并规定具体的转换办法。上市公司发行可转换为股票的公司债券，应当经国务院证券监督管理机构注册。

发行可转换为股票的公司债券，应当在债券上标明可转换公司债券字样，并在公司债券持有人名册上载明可转换公司债券的数额。

第二百零三条　发行可转换为股票的公司债券的，公司应当按照其转换办法向债券持有人换发股票，但债券持有人对转换股票或者不转换股票有选择权。法律、行政法规另有规定的除外。

第二百零四条　公开发行公司债券的，应当为同期债券持有人设立债券持有人会议，并在债券募集办法中对债券持有人会议的召集程序、会议规则和其他重要事项作出规定。债券持有人会议可以对与债券持有人有利害关系的事项作出决议。

除公司债券募集办法另有约定外，债券持有人会议决议对同期全体债券持有人发生效力。

第二百零五条 公开发行公司债券的，发行人应当为债券持有人聘请债券受托管理人，由其为债券持有人办理受领清偿、债权保全、与债券相关的诉讼以及参与债务人破产程序等事项。

第二百零六条 债券受托管理人应当勤勉尽责，公正履行受托管理职责，不得损害债券持有人利益。

受托管理人与债券持有人存在利益冲突可能损害债券持有人利益的，债券持有人会议可以决议变更债券受托管理人。

债券受托管理人违反法律、行政法规或者债券持有人会议决议，损害债券持有人利益的，应当承担赔偿责任。

第十章　公司财务、会计

第二百零七条 公司应当依照法律、行政法规和国务院财政部门的规定建立本公司的财务、会计制度。

第二百零八条 公司应当在每一会计年度终了时编制财务会计报告，并依法经会计师事务所审计。

财务会计报告应当依照法律、行政法规和国务院财政部门的规定制作。

第二百零九条 有限责任公司应当按照公司章程规定的期限将财务会计报告送交各股东。

股份有限公司的财务会计报告应当在召开股东会年会的二十日前置备于本公司，供股东查阅；公开发行股份的股份有限公司应当公告其财务会计报告。

第二百一十条 公司分配当年税后利润时，应当提取利润的百分之十列入公司法定公积金。公司法定公积金累计额为公司注册资本的百分之五十以上的，可以不再提取。

公司的法定公积金不足以弥补以前年度亏损的，在依照前款规定提取法定公积金之前，应当先用当年利润弥补亏损。

公司从税后利润中提取法定公积金后，经股东会决议，还可以从税后利润中提取任意公积金。

公司弥补亏损和提取公积金后所余税后利润，有限责任公司按照股东实缴的出资比例分配利润，全体股东约定不按照出资比例分配利润的除外；股份有限公司按照股东所持有的股份比例分配利润，公司章程另有规定的除外。

公司持有的本公司股份不得分配利润。

第二百一十一条 公司违反本法规定向股东分配利润的，股东应当将违反规定分配的利润退还公司；给公司造成损失的，股东及负有责任的董事、监事、高级管理人员应当承担赔偿责任。

第二百一十二条 股东会作出分配利润的决议的，董事会应当在股东会决议作出之日起六个月内进行分配。

第二百一十三条 公司以超过股票票面金额的发行价格发行股份所得的溢价款、发行无面额股所得股款未计入注册资本的金额以及国务院财政部门规定列入资本公积金的其他项目，应当列为公司资本公积金。

第二百一十四条 公司的公积金用于弥补公司的亏损、扩大公司生产经营或者转为增加公司注册资本。

公积金弥补公司亏损，应当先使用任意公积金和法定公积金；仍不能弥补的，可以按照规定使用资本公积金。

法定公积金转为增加注册资本时，所留存的该项公积金不得少于转增前公司注册资本的百分之二十五。

第二百一十五条 公司聘用、解聘承办公司审计业务的会计师事务所，按照公司章程的规定，由股东会、董事会或者监事会决定。

公司股东会、董事会或者监事会就解聘会计师事务所进行表决时，应当允许会计师事务所陈述意见。

第二百一十六条 公司应当向聘用的会计师事务所提供真实、完整的会计凭证、会计账簿、财务会计报告及其他会计资料，不得拒绝、隐匿、谎报。

第二百一十七条 公司除法定的会计账簿外，不得另立会计账簿。

对公司资金，不得以任何个人名义开立账户存储。

第十一章　公司合并、分立、增资、减资

第二百一十八条 公司合并可以采取吸收合并或者新设合并。

一个公司吸收其他公司为吸收合并，被吸收的公司解散。两个以上公司合并设立一个新的公司为新设合并，合并各方解散。

第二百一十九条 公司与其持股百分之九十以上的公司合并，被合并的公司不需经股东会决议，但应当通知其他股东，其他股东有权请求公司按照合理的价格收购其股权或者股份。

公司合并支付的价款不超过本公司净资产百分之十的，可以不经股东会决议；但是，公司章程另有规定的除外。

公司依照前两款规定合并不经股东会决议的，应当经董事会决议。

第二百二十条 公司合并，应当由合并各方签订合并协议，并编制资产负债表及财产清单。公司应当自作出合并决议之日起十日内通知债权人，并于三十日内在报纸上或者国家企业信用信息公示系统公告。债权人自接到通知之日起三十日内，未接到通知的自公告之日起四十五日内，可以要求公司清偿债务或者提供

相应的担保。

第二百二十一条 公司合并时，合并各方的债权、债务，应当由合并后存续的公司或者新设的公司承继。

第二百二十二条 公司分立，其财产作相应的分割。

公司分立，应当编制资产负债表及财产清单。公司应当自作出分立决议之日起十日内通知债权人，并于三十日内在报纸上或者国家企业信用信息公示系统公告。

第二百二十三条 公司分立前的债务由分立后的公司承担连带责任。但是，公司在分立前与债权人就债务清偿达成的书面协议另有约定的除外。

第二百二十四条 公司减少注册资本，应当编制资产负债表及财产清单。

公司应当自股东会作出减少注册资本决议之日起十日内通知债权人，并于三十日内在报纸上或者国家企业信用信息公示系统公告。债权人自接到通知之日起三十日内，未接到通知的自公告之日起四十五日内，有权要求公司清偿债务或者提供相应的担保。

公司减少注册资本，应当按照股东出资或者持有股份的比例相应减少出资额或者股份，法律另有规定、有限责任公司全体股东另有约定或者股份有限公司章程另有规定的除外。

第二百二十五条 公司依照本法第二百一十四条第二款的规定弥补亏损后，仍有亏损的，可以减少注册资本弥补亏损。减少注册资本弥补亏损的，公司不得向股东分配，也不得免除股东缴纳出资或者股款的义务。

依照前款规定减少注册资本的，不适用前条第二款的规定，但应当自股东会作出减少注册资本决议之日起三十日内在报纸上或者国家企业信用信息公示系统公告。

公司依照前两款的规定减少注册资本后，在法定公积金和任意公积金累计额达到公司注册资本百分之五十前，不得分配利润。

第二百二十六条 违反本法规定减少注册资本的，股东应当退还其收到的资金，减免股东出资的应当恢复原状；给公司造成损失的，股东及负有责任的董事、监事、高级管理人员应当承担赔偿责任。

第二百二十七条 有限责任公司增加注册资本时，股东在同等条件下有权优先按照实缴的出资比例认缴出资。但是，全体股东约定不按照出资比例优先认缴出资的除外。

股份有限公司为增加注册资本发行新股时，股东不享有优先认购权，公司章程另有规定或者股东会决议决定股东享有优先认购权的除外。

第二百二十八条 有限责任公司增加注册资本时，股东认缴新增资本的出资，依照本法设立有限责任公司缴纳出资的有关规定执行。

股份有限公司为增加注册资本发行新股时，股东认购新股，依照本法设立股份有限公司缴纳股款的有关规定执行。

第十二章　公司解散和清算

第二百二十九条　公司因下列原因解散：

（一）公司章程规定的营业期限届满或者公司章程规定的其他解散事由出现；

（二）股东会决议解散；

（三）因公司合并或者分立需要解散；

（四）依法被吊销营业执照、责令关闭或者被撤销；

（五）人民法院依照本法第二百三十一条的规定予以解散。

公司出现前款规定的解散事由，应当在十日内将解散事由通过国家企业信用信息公示系统予以公示。

第二百三十条　公司有前条第一款第一项、第二项情形，且尚未向股东分配财产的，可以通过修改公司章程或者经股东会决议而存续。

依照前款规定修改公司章程或者经股东会决议，有限责任公司须经持有三分之二以上表决权的股东通过，股份有限公司须经出席股东会会议的股东所持表决权的三分之二以上通过。

第二百三十一条　公司经营管理发生严重困难，继续存续会使股东利益受到重大损失，通过其他途径不能解决的，持有公司百分之十以上表决权的股东，可以请求人民法院解散公司。

第二百三十二条　公司因本法第二百二十九条第一款第一项、第二项、第四项、第五项规定而解散的，应当清算。董事为公司清算义务人，应当在解散事由出现之日起十五日内组成清算组进行清算。

清算组由董事组成，但是公司章程另有规定或者股东会决议另选他人的除外。

清算义务人未及时履行清算义务，给公司或者债权人造成损失的，应当承担赔偿责任。

第二百三十三条　公司依照前条第一款的规定应当清算，逾期不成立清算组进行清算或者成立清算组后不清算的，利害关系人可以申请人民法院指定有关人员组成清算组进行清算。人民法院应当受理该申请，并及时组织清算组进行清算。

公司因本法第二百二十九条第一款第四项的规定而解散的，作出吊销营业执照、责令关闭或者撤销决定的部门或者公司登记机关，可以申请人民法院指定有关人员组成清算组进行清算。

第二百三十四条 清算组在清算期间行使下列职权：

（一）清理公司财产，分别编制资产负债表和财产清单；

（二）通知、公告债权人；

（三）处理与清算有关的公司未了结的业务；

（四）清缴所欠税款以及清算过程中产生的税款；

（五）清理债权、债务；

（六）分配公司清偿债务后的剩余财产；

（七）代表公司参与民事诉讼活动。

第二百三十五条 清算组应当自成立之日起十日内通知债权人，并于六十日内在报纸上或者国家企业信用信息公示系统公告。债权人应当自接到通知之日起三十日内，未接到通知的自公告之日起四十五日内，向清算组申报其债权。

债权人申报债权，应当说明债权的有关事项，并提供证明材料。清算组应当对债权进行登记。

在申报债权期间，清算组不得对债权人进行清偿。

第二百三十六条 清算组在清理公司财产、编制资产负债表和财产清单后，应当制订清算方案，并报股东会或者人民法院确认。

公司财产在分别支付清算费用、职工的工资、社会保险费用和法定补偿金，缴纳所欠税款，清偿公司债务后的剩余财产，有限责任公司按照股东的出资比例分配，股份有限公司按照股东持有的股份比例分配。

清算期间，公司存续，但不得开展与清算无关的经营活动。公司财产在未依照前款规定清偿前，不得分配给股东。

第二百三十七条 清算组在清理公司财产、编制资产负债表和财产清单后，发现公司财产不足清偿债务的，应当依法向人民法院申请破产清算。

人民法院受理破产申请后，清算组应当将清算事务移交给人民法院指定的破产管理人。

第二百三十八条 清算组成员履行清算职责，负有忠实义务和勤勉义务。

清算组成员怠于履行清算职责，给公司造成损失的，应当承担赔偿责任；因故意或者重大过失给债权人造成损失的，应当承担赔偿责任。

第二百三十九条 公司清算结束后，清算组应当制作清算报告，报股东会或者人民法院确认，并报送公司登记机关，申请注销公司登记。

第二百四十条 公司在存续期间未产生债务，或者已清偿全部债务的，经全体股东承诺，可以按照规定通过简易程序注销公司登记。

通过简易程序注销公司登记，应当通过国家企业信用信息公示系统予以公告，公告期限不少于二十日。公告期限届满后，未有异议的，公司可以在二十日内向公司登记机关申请注销公司登记。

公司通过简易程序注销公司登记，股东对本条第一款规定的内容承诺不实的，应当对注销登记前的债务承担连带责任。

第二百四十一条 公司被吊销营业执照、责令关闭或者被撤销，满三年未向公司登记机关申请注销公司登记的，公司登记机关可以通过国家企业信用信息公示系统予以公告，公告期限不少于六十日。公告期限届满后，未有异议的，公司登记机关可以注销公司登记。

依照前款规定注销公司登记的，原公司股东、清算义务人的责任不受影响。

第二百四十二条 公司被依法宣告破产的，依照有关企业破产的法律实施破产清算。

第十三章 外国公司的分支机构

第二百四十三条 本法所称外国公司，是指依照外国法律在中华人民共和国境外设立的公司。

第二百四十四条 外国公司在中华人民共和国境内设立分支机构，应当向中国主管机关提出申请，并提交其公司章程、所属国的公司登记证书等有关文件，经批准后，向公司登记机关依法办理登记，领取营业执照。

外国公司分支机构的审批办法由国务院另行规定。

第二百四十五条 外国公司在中华人民共和国境内设立分支机构，应当在中华人民共和国境内指定负责该分支机构的代表人或者代理人，并向该分支机构拨付与其所从事的经营活动相适应的资金。

对外国公司分支机构的经营资金需要规定最低限额的，由国务院另行规定。

第二百四十六条 外国公司的分支机构应当在其名称中标明该外国公司的国籍及责任形式。

外国公司的分支机构应当在本机构中置备该外国公司章程。

第二百四十七条 外国公司在中华人民共和国境内设立的分支机构不具有中国法人资格。

外国公司对其分支机构在中华人民共和国境内进行经营活动承担民事责任。

第二百四十八条 经批准设立的外国公司分支机构，在中华人民共和国境内从事业务活动，应当遵守中国的法律，不得损害中国的社会公共利益，其合法权益受中国法律保护。

第二百四十九条 外国公司撤销其在中华人民共和国境内的分支机构时，应当依法清偿债务，依照本法有关公司清算程序的规定进行清算。未清偿债务之前，不得将其分支机构的财产转移至中华人民共和国境外。

第十四章 法律责任

第二百五十条 违反本法规定，虚报注册资本、提交虚假材料或者采取其他欺诈手段隐瞒重要事实取得公司登记的，由公司登记机关责令改正，对虚报注册资本的公司，处以虚报注册资本金额百分之五以上百分之十五以下的罚款；对提交虚假材料或者采取其他欺诈手段隐瞒重要事实的公司，处以五万元以上二百万元以下的罚款；情节严重的，吊销营业执照；对直接负责的主管人员和其他直接责任人员处以三万元以上三十万元以下的罚款。

第二百五十一条 公司未依照本法第四十条规定公示有关信息或者不如实公示有关信息的，由公司登记机关责令改正，可以处以一万元以上五万元以下的罚款。情节严重的，处以五万元以上二十万元以下的罚款；对直接负责的主管人员和其他直接责任人员处以一万元以上十万元以下的罚款。

第二百五十二条 公司的发起人、股东虚假出资，未交付或者未按期交付作为出资的货币或者非货币财产的，由公司登记机关责令改正，可以处以五万元以上二十万元以下的罚款；情节严重的，处以虚假出资或者未出资金额百分之五以上百分之十五以下的罚款；对直接负责的主管人员和其他直接责任人员处以一万元以上十万元以下的罚款。

第二百五十三条 公司的发起人、股东在公司成立后，抽逃其出资的，由公司登记机关责令改正，处以所抽逃出资金额百分之五以上百分之十五以下的罚款；对直接负责的主管人员和其他直接责任人员处以三万元以上三十万元以下的罚款。

第二百五十四条 有下列行为之一的，由县级以上人民政府财政部门依照《中华人民共和国会计法》等法律、行政法规的规定处罚：

（一）在法定的会计账簿以外另立会计账簿；

（二）提供存在虚假记载或者隐瞒重要事实的财务会计报告。

第二百五十五条 公司在合并、分立、减少注册资本或者进行清算时，不依照本法规定通知或者公告债权人的，由公司登记机关责令改正，对公司处以一万元以上十万元以下的罚款。

第二百五十六条 公司在进行清算时，隐匿财产，对资产负债表或者财产清单作虚假记载，或者在未清偿债务前分配公司财产的，由公司登记机关责令改正，对公司处以隐匿财产或者未清偿债务前分配公司财产金额百分之五以上百分之十以下的罚款；对直接负责的主管人员和其他直接责任人员处以一万元以上十万元以下的罚款。

第二百五十七条 承担资产评估、验资或者验证的机构提供虚假材料或者提供有重大遗漏的报告的，由有关部门依照《中华人民共和国资产评估法》、《中华人民共和国注册会计师法》等法律、行政法规的规定处罚。

承担资产评估、验资或者验证的机构因其出具的评估结果、验资或者验证证明不实，给公司债权人造成损失的，除能够证明自己没有过错的外，在其评估或者证明不实的金额范围内承担赔偿责任。

第二百五十八条 公司登记机关违反法律、行政法规规定未履行职责或者履行职责不当的，对负有责任的领导人员和直接责任人员依法给予政务处分。

第二百五十九条 未依法登记为有限责任公司或者股份有限公司，而冒用有限责任公司或者股份有限公司名义的，或者未依法登记为有限责任公司或者股份有限公司的分公司，而冒用有限责任公司或者股份有限公司的分公司名义的，由公司登记机关责令改正或者予以取缔，可以并处十万元以下的罚款。

第二百六十条 公司成立后无正当理由超过六个月未开业的，或者开业后自行停业连续六个月以上的，公司登记机关可以吊销营业执照，但公司依法办理歇业的除外。

公司登记事项发生变更时，未依照本法规定办理有关变更登记的，由公司登记机关责令限期登记；逾期不登记的，处以一万元以上十万元以下的罚款。

第二百六十一条 外国公司违反本法规定，擅自在中华人民共和国境内设立分支机构的，由公司登记机关责令改正或者关闭，可以并处五万元以上二十万元以下的罚款。

第二百六十二条 利用公司名义从事危害国家安全、社会公共利益的严重违法行为的，吊销营业执照。

第二百六十三条 公司违反本法规定，应当承担民事赔偿责任和缴纳罚款、罚金的，其财产不足以支付时，先承担民事赔偿责任。

第二百六十四条 违反本法规定，构成犯罪的，依法追究刑事责任。

第十五章 附　　则

第二百六十五条 本法下列用语的含义：

（一）高级管理人员，是指公司的经理、副经理、财务负责人，上市公司董事会秘书和公司章程规定的其他人员。

（二）控股股东，是指其出资额占有限责任公司资本总额超过百分之五十或者其持有的股份占股份有限公司股本总额超过百分之五十的股东；出资额或者持有股份的比例虽然低于百分之五十，但依其出资额或者持有的股份所享有的表决权已足以对股东会的决议产生重大影响的股东。

（三）实际控制人，是指通过投资关系、协议或者其他安排，能够实际支配公司行为的人。

（四）关联关系，是指公司控股股东、实际控制人、董事、监事、高级管理人员与其直接或者间接控制的企业之间的关系，以及可能导致公司利益转移的其他关系。但是，国家控股的企业之间不仅因为同受国家控股而具有关联关系。

第二百六十六条 本法自 2024 年 7 月 1 日起施行。

本法施行前已登记设立的公司，出资期限超过本法规定的期限的，除法律、行政法规或者国务院另有规定外，应当逐步调整至本法规定的期限以内；对于出资期限、出资额明显异常的，公司登记机关可以依法要求其及时调整。具体实施办法由国务院规定。

关于《中华人民共和国公司法
（修订草案）》的说明

——2021 年 12 月 20 日在第十三届全国人民代表大会
常务委员会第三十二次会议上

全国人大常委会法制工作委员会副主任　王瑞贺

委员长、各位副委员长、秘书长、各位委员：

我受委员长会议委托，作关于《中华人民共和国公司法（修订草案）》的说明。

一、关于公司法修改的必要性

公司是最重要的市场主体，公司法是社会主义市场经济制度的基础性法律。我国现行公司法于 1993 年制定，1999 年、2004 年对个别条款进行了修改，2005 年进行了全面修订，2013 年、2018 年又对公司资本制度相关问题作了两次重要修改。公司法的制定和修改，与我国社会主义市场经济体制的建立和完善密切相关，颁布实施近 30 年来，对于建立健全现代企业制度，促进社会主义市场经济持续健康发展，发挥了重要作用。

党的十八大以来，以习近平同志为核心的党中央统筹推进"五位一体"总体布局，协调推进"四个全面"战略布局，在深化国有企业改革、优化营商环境、加强产权保护、促进资本市场健康发展等方面作出重大决策部署，推动公司制度和实践进一步完善发展，公司注册登记数量由 2013 年的 1033 万家增加到 3800 万家，同时对公司法修改提出一系列任务要求。

第一，修改公司法，是深化国有企业改革、完善中国特色现代企业制度的需要。习近平总书记强调，坚持党对国有企业的领导是重大政治原则，必须一以贯之；建立现代企业制度是国有企业的改革方向，也必须一以贯之。党的十八届三中全会决定提出，推动国有企业完善现代企业制度；健全协调运转、有效制衡的公司法人治理结构。党的十九届三中全会决定提出，将国有重点大型企业监事会职责划入审计署，不再设立国有重点大型企业监事会。党的十九届四中全会决定提出，要深化国有企业改革，完善中国特色现代企业制度；增强国有经济竞争力、创新力、控制力、影响力和抗风险能力。党中央、国务院《关于深化国有企业改革的指导意见》等对推进国有企业改革发展作出具体部署。修改公司法，贯彻落实党中央关于深化国有企业改革决策部署，是巩固深化国有企业治理改革成果，完善中国特色现代企业制度，促进国有经济高质量发展的必然要求。

第二，修改公司法，是持续优化营商环境、激发市场创新活力的需要。法治是最好的营商环境。党的十八大以来，党中央、国务院深入推进简政放权、放管结合、优化服务，持续改善营商环境。修改公司法，为方便公司设立、退出提供制度保障，为便利公司融资投资、优化治理机制提供更为丰富的制度性选择，降低公司运行成本，是推动打造市场化、法治化、国际化营商环境，更好激发市场创新动能和活力的客观需要。

第三，修改公司法，是完善产权保护制度、依法加强产权保护的需要。党的十八届四中全会决定提出，健全以公平为核心原则的产权保护制度，加强对各种所有制经济组织和自然人财产权的保护。党的十八届五中全会决定提出，推进产权保护法治化，依法保护各种所有制经济权益。党的十九大把"两个毫不动摇"写入新时代坚持和发展中国特色社会主义的基本方略。修改公司法，健全以企业组织形式和出资人承担责任方式为主的市场主体法律制度，规范公司的组织和行为，完善公司设立、运营、退出各环节相关当事人责任，切实维护公司、股东、债权人的合法权益，是完善产权保护制度、加强产权平等保护的重要内容。

第四，修改公司法，是健全资本市场基础性制度、促进资本市场健康发展的需要。习近平总书记强调，加快资本市场改革，尽快形成融资功能完备、基础制度扎实、市场监管有效、投资者合法权益得到充分保护的多层次市场体系。修改公司法，完善公司资本、公司治理等基础性制度，加强对投资者特别是中小投资者合法权益的保护，是促进资本市场健康发展、有效服务实体经济的重要举措。

同时，现行公司法律制度存在一些与改革和发展不适应、不协调的问题，主要是：有些制度滞后于近年来公司制度的创新实践；我国公司制度发展历程还不长，有些基础性制度尚有欠缺或者规定较为原则；公司监督制衡、责任追究机制不完善，中小投资者和债权人保护需要加强等。十三届全国人大以来，全国人大代表共有548人次提出相关议案、建议，呼吁修改完善公司法；一些专家学者、有关部门等通过多种方式提出修改公司法的意见建议。

各方面普遍认为，在贯彻新发展理念、构建新发展格局、推动高质量发展的过程中，市场经济体制改革不断深入，市场主体积极探索，创造了丰富的公司制度实践经验；司法机关根据公司法和公司纠纷裁判活动，制定出台了一系列司法解释和裁判规则；公司法理论研究不断深入，取得丰硕成果，为公司法修改完善提供了重要的基础和支撑。

二、关于起草工作和把握的几点

公司法修改列入了十三届全国人大常委会立法规划和年度立法工作计划。

2019年初，法制工作委员会成立由中央有关部门、部分专家学者参加的公司法修改起草组，并组成工作专班，抓紧开展起草工作。在工作中，充分发挥全国人大代表的作用，通过多种方式听取他们的意见；成立专家组并委托专家学者对重点难点问题开展专题研究；请最高人民法院、国务院国资委、国家市场监管总局、中国证监会总结梳理公司法实施情况，提出修法建议。在上述工作基础上，经多次征求意见、反复修改完善，形成了公司法修订草案征求意见稿，送各省（区、市）人大常委会和中央有关部门共54家单位征求意见。总的认为，征求意见稿贯彻落实党中央一系列部署要求，深入总结实践经验，修改思路清晰，修改内容系统全面、针对性强，重要制度的充实完善符合实际，基本可行。法制工作委员会根据反馈意见对征求意见稿又作了修改完善，形成了《中华人民共和国公司法（修订草案）》。

起草工作注意把握以下几点：一是，坚持正确政治方向。贯彻落实党中央决策部署对完善公司法律制度提出的各项任务要求，充分发挥市场在资源配置中的决定性作用，更好发挥政府作用，完善中国特色现代企业制度，为坚持和完善我国基本经济制度提供坚实法制保障。二是，在现行公司法基本框架和主要制度的基础上作系统修改。保持现行公司法框架结构、基本制度稳定，维护法律制度的连续性、稳定性，降低制度转换成本；同时，适应经济社会发展变化的新形势新要求，针对实践中的突出问题和制度短板，对现行公司法作系统的修改完善。三是，坚持立足国情与借鉴国际经验相结合。从我国实际出发，将实践中行之有效的做法和改革成果上升为法律规范；同时注意吸收借鉴一些国家公司法律制度有益经验，还适应世界银行营商环境评价，作了一些有针对性的修改。四是，处理好与其他法律法规的关系。做好公司法修改与民法典、外商投资法、证券法、企业国有资产法以及正在修改的企业破产法等法律的衔接，并合理吸收相关行政法规、规章、司法解释的成果。

三、关于修订草案的主要内容

修订草案共15章260条，在现行公司法13章218条的基础上，实质新增和修改70条左右。主要修改内容包括：

（一）坚持党对国有企业的领导

坚持党的领导，是国有企业的本质特征和独特优势，是完善中国特色现代企业制度的根本要求。修订草案依据党章规定，明确党对国有企业的领导，保证党组织把方向、管大局、保落实的领导作用，规定："国家出资公司中中国共产党的组织，按照中国共产党章程的规定发挥领导作用，研究讨论公司重大经营管理事项，支持股东会、董事会、监事会、高级管理人员依法行使职权"。

同时，修订草案继续坚持现行公司法关于在各类型公司中根据党章规定设立党的组织，开展党的活动，公司应当为党组织的活动提供必要条件等规定。

（二）关于完善国家出资公司特别规定

深入总结国有企业改革成果，在现行公司法关于国有独资公司专节的基础上，设"国家出资公司的特别规定"专章：一是，将适用范围由国有独资有限责任公司，扩大到国有独资、国有控股的有限责任公司、股份有限公司。二是，明确国家出资公司由国有资产监督管理机构等根据授权代表本级政府履行出资人职责；履行出资人职责的机构就重要的国家出资公司的重大事项作出有关决定前，应当报本级政府批准；国家出资公司应当依法建立健全内部监督管理和风险控制制度。三是，落实党中央有关部署，加强国有独资公司董事会建设，要求国有独资公司董事会成员中外部董事应当超过半数；并在董事会中设置审计委员会等专门委员会，同时不再设监事会。

（三）关于完善公司设立、退出制度

深入总结党的十八大以来持续优化营商环境改革成果，完善公司登记制度，进一步简便公司设立和退出。一是，新设公司登记一章，明确公司设立登记、变更登记、注销登记的事项和程序；同时要求公司登记机关优化登记流程，提高登记效率和便利化水平。二是，充分利用信息化建设成果，明确电子营业执照、通过统一的企业信息公示系统发布公告、采用电子通讯方式作出决议的法律效力。三是，扩大可用作出资的财产范围，明确股权、债权可以作价出资；放宽一人有限责任公司设立等限制，并允许设立一人股份有限公司。四是，完善公司清算制度，强化清算义务人和清算组成员的义务和责任；增加规定，经全体股东对债务履行作出承诺，可以通过简易程序注销登记。

（四）关于优化公司组织机构设置

贯彻落实党中央关于完善中国特色现代企业制度的要求，深入总结我国公司制度创新实践经验，在组织机构设置方面赋予公司更大自主权。一是，突出董事会在公司治理中的地位，并根据民法典的有关规定，明确董事会是公司的执行机构。二是，根据国有独资公司、国有资本投资运营公司董事会建设实践，并为我国企业走出去及外商到我国投资提供便利，允许公司选择单层制治理模式（即只设董事会、不设监事会）。公司选择只设董事会的，应当在董事会中设置由董事组成的审计委员会负责监督；其中，股份有限公司审计委员会的成员应过半数为非执行董事。三是，进一步简化公司组织机构设置，对于规模较小的公司，可以不设董事会，股份有限公司设一至二名董事，有限责任公司设一名董事或者经理；规模较小的公司还可以不设监事会，设一至二名监事。

同时，现行公司法在职工董事的设置方面，只对国有独资和国有全资的有限责任公司提出了要求。为更好保障职工参与公司民主管理、民主监督，修订草案扩大设置职工董事的公司范围，并不再按公司所有制类型对职工董事的设置提出要求。考虑到修订草案已规定规模较小的公司不设董事会，并综合考虑中型企业划分标准等因素，规定：职工人数三百人以上的公司，董事会成员中应当有职工代表；其他公司董事会成员中可以有职工代表。

（五）关于完善公司资本制度

为提高投融资效率并维护交易安全，深入总结企业注册资本制度改革成果，吸收借鉴国外公司法律制度经验，丰富完善公司资本制度。一是，在股份有限公司中引入授权资本制，即股份有限公司设立时只需发行部分股份，公司章程或者股东会可以作出授权，由董事会根据公司运营的实际需要决定发行剩余股份。这样既方便股份有限公司设立，又给予了公司发行新股筹集资本的灵活性，并且能够减少公司注册资本虚化等问题的发生。二是，为适应不同投资者的投资需求，对已有较多实践的类别股作出规定，包括优先股和劣后股、特殊表决权股、转让受限股等；允许公司根据章程择一采用面额股或者无面额股；按照反洗钱有关要求，并根据我国股票发行的实际，取消无记名股。三是，增加简易减资制度，即：公司按照规定弥补亏损后仍有亏损的，可以进行简易减资，但不得向股东进行分配。

同时，加强对股东出资和股权交易行为的规范，维护交易安全。一是，增加股东欠缴出资的失权制度，规定：股东未按期足额缴纳出资，经公司催缴后在规定期限内仍未缴纳出资的，该股东丧失其未缴纳出资的股权。二是，增加有限责任公司股东认缴出资的加速到期制度，规定：公司不能清偿到期债务，且明显缺乏清偿能力的，公司或者债权人有权要求已认缴出资但未届缴资期限的股东提前缴纳出资。三是，明确瑕疵股权转让时转让方、受让方的出资责任。

（六）关于强化控股股东和经营管理人员的责任

落实党中央关于产权平等保护等要求，总结吸收公司法司法实践经验，完善控股股东和经营管理人员责任制度。一是，完善董事、监事、高级管理人员忠实义务和勤勉义务的具体内容；加强对关联交易的规范，扩大关联人的范围，增加关联交易报告义务和回避表决规则。二是，强化董事、监事、高级管理人员维护公司资本充实的责任，包括：股东欠缴出资和抽逃出资，违反本法规定分配利润和减少注册资本，以及违反本法规定为他人取得本公司股份提供财务资助时，上述人员的赔偿责任。三是，增加规定：董事、高级管理人员执行职务，因故意或者重大过失，给他人造成损害的，应当与公司承担连带责任。四是，针对实践中控股股东、实际控制人滥用控制地位侵害公司及中小股东权益的突出问题，借鉴一些国家法律规定，明确：公司的控股股东、实际控制人利用其对公司的影响，指使董事、高级管理人员从事损害公司利益或者股东利益的行为，给公司或者股东造成损失的，与该董事、高级管理人员承担连带责任。

（七）关于加强公司社会责任

贯彻党的十八届四中全会决定有关要求，加强公司社会责任建设，增加规定：公司从事经营活动，应当在遵守法律法规规定义务的基础上，充分考虑公司职工、消费者等利益相关者的利益以及生态环境保护等社会公共利益，承担社会责任；国家鼓励公司参与社会公益活动，公布社会责任报告。

公司法修订草案和以上说明是否妥当，请审议。

全国人民代表大会宪法和法律委员会关于
《中华人民共和国公司法（修订草案）》
修改情况的汇报

全国人民代表大会常务委员会：

常委会第三十二次会议对公司法修订草案进行了初次审议。会后，法制工作委员会将修订草案印发各省（区、市）人大、中央有关部门、部分中央企业和基层立法联系点、全国人大代表、研究机构等征求意见；在中国人大网全文公布修订草案，征求社会公众意见。宪法和法律委员会、法制工作委员会联合召开座谈会，听取全国人大代表、中央有关部门和专家学者对修订草案的意见；并就修订草案的有关问题与有关方面交换意见，共同研究。宪法和法律委员会于 11 月 29 日召开会议，根据常委会组成人员的审议意见和各方面意见，对修订草案进行了逐条审议。财政经济委员会、最高人民法院、司法部、国家市场监督管理总局、中国证券监督管理委员会有关负责同志列席了会议。现将公司法修订草案主要问题修改情况汇报如下：

一、有的意见建议贯彻党的二十大精神，在立法目的中增加"完善中国特色现代企业制度，弘扬企业家精神"的内容。宪法和法律委员会经研究，建议采纳这一意见。

二、有的常委会组成人员、地方、部门和专家学者建议进一步强化股东的出资责任。宪法和法律委员会经研究，建议作以下修改：一是完善失权股权处理规定，明确未按期足额缴纳出资的股东失权后，失权股权在六个月内未转让或者注销的，由公司其他股东按照其出资比例足额缴纳相应出资；股东未按期足额缴纳出资，给公司造成损失的，应当承担赔偿责任。二是明确公司不能清偿到期债务的，公司或者已到期债权的债权人有权要求已认缴出资但未届缴资期限的股东提前缴纳出资。三是对于股东转让已认缴出资但未届缴资期限的股权的，在受让人承担缴纳出资义务的基础上，明确受让人未按期足额缴纳出资的，出让人对受让人未按期缴纳的出资承担补充责任。

三、有的常委委员、地方、部门和专家学者、社会公众建议进一步完善公司组织机构设置及其职权相关规定，提升公司治理效果。宪法和法律委员会经研究，建议作以下修改：一是进一步厘清股东会和董事会的职权划分，恢复现行公司法关于董事会职权的列举规定，明确股东会可以对其职权范围内的部分事项

（如发行公司债券）授权董事会作出决议。二是完善关于董事会成员中职工代表的相关规定，明确职工人数三百人以上的公司，除依法设监事会并有公司职工代表的外，其董事会成员中应当有公司职工代表。三是明确公司在董事会中设置审计委员会行使本法规定的监事会职权的，不设监事会或者监事；进一步明确股份有限公司审计委员会的人员组成和资格要求。四是为了进一步提高公司治理的灵活性，明确规模较小的有限责任公司经全体股东一致同意，也可以不设监事。

四、有的常委委员、地方、部门和专家学者、社会公众建议进一步完善董事责任的相关规定；有的建议增加关于董事责任保险的规定。宪法和法律委员会经研究，建议作以下修改：一是将修订草案第一百九十条修改为，董事、高级管理人员执行职务，给他人造成损害的，公司应当承担赔偿责任；董事、高级管理人员存在故意或者重大过失的，也应当承担赔偿责任。二是增加一条规定：公司可以在董事任职期间为董事因执行公司职务承担的赔偿责任投保责任保险。公司为董事投保责任保险或者续保后，董事会应当向股东会报告责任保险的投保金额、承保范围及保险费率等内容。

五、有的常委委员、地方、部门和专家学者建议进一步完善上市公司组织机构的相关规定，强化上市公司治理。宪法和法律委员会经研究，建议作以下修改：一是授权国务院证券监督管理机构对上市公司独立董事的具体管理办法作出规定。二是增加上市公司审计委员会职权的规定。三是明确上市公司应当依法披露股东、实际控制人的信息，相关信息应当真实、准确、完整。禁止违反法律、行政法规的规定，代持上市公司股票。四是明确上市公司控股子公司不得取得该上市公司的股份，对于控股子公司因公司合并、质权行使等原因持有上市公司股份的，不得行使所持股份对应的表决权，并应当及时处分相关上市公司股份。

六、有的地方、部门和企业建议根据国有企业改革实践，对修订草案关于国家出资公司的规定进行修改完善，并与企业国有资产法做好衔接。宪法和法律委员会经研究，建议作以下修改：一是将"第六章国家出资公司的特别规定"调整为第七章，并将章名改为"国家出资公司组织机构的特别规定"，删除企业国有资产法中已经有明确规定的内容。二是落实党中央关于深化国有企业监事会改革要求，明确国有独资公司不设监事会或者监事，董事会审计委员会行使监事会相关职权。

七、有的意见提出，为解决实践中公司注销难、"僵尸公司"大量存在的问题，建议根据地方实践经验，增加强制注销的内容。宪法和法律委员会经研究，建议增加一条规定：公司被吊销营业执照、责令关闭或者被撤销，满三年未清算完毕的，公司登记机关可以通过统一的企业信息公示系统予以公告，公告期限不少于六十日。公告期限届满后，未有异议的，公司登记机关可以注销公司登记。被强制注销公司登记的，原公司股东、清算义务人的责任不受影响。

此外，还对修订草案作了一些文字修改。

修订草案二次审议稿已按上述意见作了修改，宪法和法律委员会建议提请本次常委会会议继续审议。

修订草案二次审议稿和以上汇报是否妥当，请审议。

全国人民代表大会宪法和法律委员会
2022 年 12 月 27 日

全国人民代表大会宪法和法律委员会关于《中华人民共和国公司法（修订草案）》修改情况的汇报

全国人民代表大会常务委员会：

公司是最重要的市场主体，公司法是社会主义市场经济的基础性法律。我国现行公司法于 1993 年制定，1999 年、2004 年、2013 年、2018 年对个别条款进行了修改，2005 年进行了全面修订。

为落实党中央关于深化国有企业改革、优化营商环境、加强产权保护、促进资本市场健康发展等重大决策部署，公司法修改列入十三届全国人大常委会立法规划。法制工作委员会组织成立由中央有关部门和专家学者组成的修改起草组，研究起草，形成修订草案。2021 年 11 月，中央政治局常委会会议审议并原则同意常委会党组关于公司法修订草案的请示和汇报。2021 年 12 月，十三届全国人大常委会第三十二次会议审议了由委员长会议提请审议的公司法修订草案。2022 年 12 月，十三届全国人大常委会第三十八次会议对修订草案进行了二次审议。

宪法和法律委员会、法制工作委员会通过召开座谈会、实地调研等方式听取各方面意见，在中国人大网全文公布修订草案，公开征求社会公众意见。起草和修改工作注意把握以下几点：一是，坚持正确政治方向。二是，在现行公司法基本框架和制度基础上作系统修改。三是，坚持立足国情与借鉴国际经验相结合。四是，处理好与其他法律法规的关系。

经过两次审议后的修订草案主要内容包括：一是，贯彻落实党中央决策部署。坚持党对国有企业的领导，规定国家出资公司中中国共产党的组织的领导作用；贯彻党的二十大精神，在立法目的中增加完善中国特色现代企业制度，弘扬企业家精神的规定。二是，设国家出资公司组织机构的特别规定专章。将适用范围由国有独资有限责任公司，扩大到国有独资、国有控股的有限责任公司、股份有限公司；要求国有独资公司董事会成员中外部董事应当过半数；落实中央关于监事会改革要求，明确国有独资公司在董事会中设置由董事组成的审计委员会行使监事会职权的，不设监事会或者监事；增加国家出资公司应当依法建立健全内部监督管理和风险控制制度的规定。三是，完善公司设立、退出制度。新设公司登记一章，明确公司登记事项和程序；明确电子营业执照、采用电子通讯方式作出决议的法律效力；扩大可用作出资的财产范围，明确股权、债权可以作价出资；放宽一人有限责任公司设立等限制，并允许设立一人股份有限公司；明确清算义务人及其责任；增加简易注销和强制注销制度。四是，优化公司组织机构设置。允许公司只设董事会、不设监事会，公司只设董事会的，应当在董事会中设置审计委员会行使监事会职权；简化公司组织机构设置，对于规模较小或者股东人数较少的公司，可以不设董事会（监事会），设一名董事（监事）；对于规模较小或者股东人数较少的有限责任公司，经全体股东一致同意，可以不设监事；为更好保障职工参与公司民主管理，规定职工人数三百人以上的公司，除依法设监事会并有公司职工代表的外，其董事会成员中应当有公司职工代表。五是，完善公司资本制度。在股份有限公司中引入授权资本制，允许公司章程或者股东会授权董事会发行股份；规定公司可以发行优先股和劣后股、特殊表决权股、转让受限股等类别股；允许公司择一采用面额股或者无面额股；取消无记名股；增加简易减资制度；增加股东欠缴出资的失权制度、股东认缴出资加速到期制度，明确股权转让时转让方、受让方的出资责任。六是，强化控股股东、实际控制人和董事、监事、高级管理人员的责任。完善忠实和勤勉义务的具体内容；加强对关联交易的规范，增加关联交易报告义务和回避表决规则；强化董监高维护公司资本充实的责任；规定董事、高级管理人员执行职务存在故意或者重大过失的，也应当对他人承担赔偿责任；规定公司的控股股东、实际控制人指示董事、高级管理人员从事损害公司或者股东利益的行为的，与该董事、高级管理人员承担连带责任。七是，加强公司社会责任。规定公司应当充分考虑公司职工、消费者等利益相关者的利益以及生态环境保护等社会公共利益，承担社会责任。

本届以来，宪法和法律委员会、法制工作委员会就修订草案二次审议稿的有关问题多次召开座谈会，并到北京、福建进行调研，进一步听取有关方面意见。宪法和法律委员会于7月26日召开会议，根据常委会组成人员审议意见和各方面的意见，对草案进行了逐条审议。财政经济委员会、最高人民法院、司法部、国家市场监督管理总局、中国证券监督管理委员会有关负责同志列席了会议。8月23日，宪法和法律委员会召开会议，再次进行了审议。现将公司法修订草案主要问题修改情况汇报如下：

一、有的地方、部门、专家学者和社会公众提出，自2014年修改公司法实施注册资本认缴登记制，取消出资期限、最低注册资本和首期出资比例以来，方便了公司设立，激发了创业活力，公司数量增加迅速。但实践中也出现股东认缴期限过长、影响交易安全、损害债权人利益的情形。建议在总结实践经验的基础上，进一步完善认缴登记制度，维护资本充实和交易安全。宪法和法律委员会经会同有关方面研究，建议增加有限责任公司股东认缴期限的规定，明确全体股东认缴的出资额应当按照公司章程的规定自公司成立之日起五年内缴足。

二、有的地方、部门、专家学者和社会公众提出，职工是公司重要的利益相关者，建议进一步强化公司民主管理，维护职工合法权益。宪法和法律委员会经研究，建议作以下修改：一是，明确公司应当依照宪法和有关法律的规定，建立健全以职工代表大会为基本形式的民主管理制度；二是，完善董事会中职工代表的有关规定，除对职工三百人以上不设监事会的公司董事会设职工代表作出强制要求外，进一步明确，其他公司的董事会成员中可以有职工代表。

三、有的常委会组成人员、地方、部门、专家学者和社会公众提出，为进一步落实产权平等保护要求，建议进一步完善中小股东权利保护相关规定。宪法和法律委员会经研究，建议作以下修改：一是，规定控股股东滥用股东权利，严重损害公司或者其他股东利益的，其他股东有权请求公司按照合理的价格收购其股权；二是，完善股份有限公司股东查阅、复制公司有关材料的规定；三是，增加公司不得提高临时提案股东持股比例的规定；四是，规定公司减少注册资本，应当按照股东出资或者持有股份的比例相应减少出资额或者股份，法律另有规定的除外。

四、有的常委委员、地方、部门、专家学者和社会公众提出，实践中有的控股股东、实际控制人虽不在公司任职但实际控制公司事务，通过关联交易等方式，侵害公司利益，建议进一步强化对控股股东和实际控制人的规范。宪法和法律委员会经研究，建议增加规定，控股股东、实际控制人不担任公司董事但实际执行公司事务的，适用董事对公司负有忠实义务和勤勉义务的规定。

五、有的地方、部门、专家学者和社会公众建议，落实党中央关于公司债券管理体制改革要求，适应债券市场发展实践需要，完善相关规定。宪法和法律委员会经研究，建议作以下修改：一是，根据《关于国务院机构改革方案的决定》将国家发改委的企业债券审核职责划入中国证监会的要求，删去国务院授权的部门对公开发行债券注册的规定；二是，明确公司债券可以公开发行，也可以非公开发行；三是，将债券存根簿改为债券持有人名册；四是，将发行可转债的公司由上市公司扩大到所有股份有限公司；五是，增加债券持有人会议决议规则和效力的规定，增加债券受托管理人相关规定。

六、有的常委委员、地方、部门和社会公众建议增加对提交虚假材料取得公司登记的直接责任人员的处罚；同时，对违反会计法、资产评估法的违法行为的处罚与相关法律做好衔接。宪法和法律委员会经研究，建议作以下修改：一是，增加规定，对虚报注册资本、提交虚假材料或者采取其他欺诈手段隐瞒重要事实取得公司登记的直接负责主管人员和其他直接责任人员处以一万元以上五万元以下的罚款；二是，对违反会计法、资产评估法等的违法行为，规定按照会计法、资产评估法、注册会计师法等法律、行政法规的规定处罚。

此外，还对修订草案二次审议稿作了一些文字修改。

修订草案三次审议稿已按上述意见作了修改，宪法和法律委员会建议提请本次常委会会议继续审议。

修订草案三次审议稿和以上汇报是否妥当，请审议。

全国人民代表大会宪法和法律委员会

2023 年 8 月 28 日

全国人民代表大会宪法和法律委员会
关于《中华人民共和国公司法（修订草案）》
审议结果的报告

全国人民代表大会常务委员会：

常委会第五次会议对公司法修订草案进行了三次审议。会后，法制工作委员会在中国人大网全文公布修订草案，征求社会公众意见。宪法和法律委员会、法制工作委员会赴上海调研，听取意见；并就修订草案中的主要问题与有关方面交换意见，共同研究。宪法和法律委员会于 12 月 5 日召开会议，根据常委会组成人员审议意见和各方面的意见，对修订草案进行了逐条审议。财政经济委员会、最高人民法院、司法部、国家市场监督管理总局有关负责同志列席了会议。12 月 18 日，宪法和法律委员会召开会议，再次进行了审议。宪法和法律委员会认为，为贯彻落实党中央关于深化国有企业改革、优化营商环境、加强产权保护、促进资本市场健康发展等重大决策部署，修改公司法是必要的，修订草案经过三次审议修改，已经比较成熟。同时，提出如下主要修改意见：

一、有的常委委员、社会公众提出，公司是最重要的市场主体，修改公司法完善中国特色现代企业制度，是贯彻落实宪法关于国家完善"企业经营管理制度"的重要举措，建议增加"根据宪法"制定本法。宪法和法律委员会经研究，建议采纳这一意见。

二、有的常委会组成人员和部门、专家学者、社会公众提出，草案规定的失权制度对股东权利影响较大，建议明确失权的决议程序和失权股东的异议程序。宪法和法律委员会经研究，建议增加规定，公司经董事会决议可以向未按期缴纳出资的股东发出失权通知；股东对失权有异议的，应当自收到失权通知之日起三十日内，向人民法院提起诉讼。

三、有的常委委员和部门、专家学者建议进一步完善公司出资制度，强化股东出资责任。宪法和法律委员会经研究，建议作以下修改：一是在规定有限责任公司股东出资认缴期限不得超过五年的基础上，明确法律、行政法规以及国务院决定可以对有限责任公司股东出资期限作出特别规定，为重点行业领域设定短于五年的认缴期限留出制度空间；二是规定股份有限公司发起人应当在公司成立前按照其认购的股份全额缴纳股款；三是增加对不按照规定公示或者不如实公示出资等有关信息的处罚。

四、有的常委会组成人员、社会公众建议进一步强化职工民主管理、保护职工合法权益。宪法和法律委员会经研究，建议作以下修改：一是在立法目的中增加保护"职工"合法权益的规定；二是增加公司研究决定"解散、申请破产"时听取职工意见的规定。还有的常委委员建议明确审计委员会成员中应当有职工代表。宪法和法律委员会经研究认为，允许公司设置审计委员会履行监督职责，不设监事会或者监事，是要强化审计委员会对公司财务、会计监督的专业性；考虑到审计委员会是一项新制度，对其成员组成保持适当的灵活性和包容性，更有利于实践发展。据此，建议增加规定，公司董事会成员中的职工代表可以成为审计委员会成员。

五、有的常委会组成人员和部门、专家学者建议明确公司收到股东提议召开临时股东会会议的请求时，应当在规定期限内答复股东是否召开会议，以确保股东能够及时自行召集。宪法和法律委员会经研究，建议增加规定，单独或者合计持有公司百分之十以上股份的股东请求召开临时股东会会议的，董事会、监事会应当在收到请求之日起十日内作出是否召开临时股东会会议的决定，并书面答复股东。

六、一些常委会组成人员和部门、专家学者、社会公众建议完善审计委员会的议事方式和表决程序，保障其有效发挥监督作用。宪法和法律委员会经研究，建议增加以下规定：审计委员会作出决议，应当经审计委员会成员的过半数通过；审计委员会决议的表决，应当一人一票；审计委员会的议事方式和表决程序，除本法有规定的外，由公司章程规定。

七、有的常委委员和部门、专家学者、社会公众建议增加股东对全资子公司相关材料的查阅、复制权利，完善股东对全资子公司董事、监事、高级管理人员等提起代表诉讼的程序，更好发挥股东在监督公司治理方面的作用。宪法和法律委员会经研究，建议作以下修改：一是增加股东可以要求查阅、复制全资子公司相关材料的规定；二是增加规定，公司全资子公司的董事、监事、高级管理人员执行职务违反法律、行政法规或者公司章程的规定，或者他人侵犯公司全资子公司合法权益造成损失的，有限责任公司的股东、股份有限公司连续一百八十日以上单独或者合计持有公司百分之一以上股份的股东，可以按照规定书面请求全资子公司的监事会、董事会向人民法院提起诉讼或者以自己的名义直接向人民法院提起诉讼。

八、修订草案三次审议稿第二百二十四条第三款规定，公司减少注册资本，应当按照股东出资或者持有股份的比例相应减少出资额或者股份，本法或者其他法律另有规定的除外。有的代表、部门、专家学者和社会公众提出，等比例减资有利于实现股东平等，但也应尊重公司意思自治，适应商业实践需要，允许股东对非等比例减资作出约定。宪法和法律委员会经研究，建议增加"有限责任公司全体股东另有约定或者股份有限公司章程另有规定"作为等比例减资的例外情形。

此外，还对修订草案三次审议稿作了一些文字修改。

12月14日，法制工作委员会召开会议，邀请部分全国人大代表、专家学者以及市场监管部门、人民法院、协会、企业、中介服务机构等方面的代表，就修订草案中主要制度规范的可行性、法律出台时机、法律实施的社会效果和可能出现的问题等进行评估。普遍认为，修订草案贯彻落实党中央决策部署，坚持问题导向，深入总结实践经验，完善公司资本制度和公司治理结构，加强股东权利保护，强化控股股东、实际控制人和经营管理人员责任，对于完善中国特色现代企业制度、推动经济高质量发展具有重要意义。修订草案内容系统全面，针对性强，符合实际，建议尽快出台。同时，建议有关部门抓紧制定配套规范，深入开展法律宣传，确保法律正确有效实施。与会人员还对修订草案提出了一些具体修改意见，有的意见已经采纳。

修订草案四次审议稿已按上述意见作了修改，宪法和法律委员会建议提请本次常委会会议审议通过。

修订草案四次审议稿和以上报告是否妥当，请审议。

全国人民代表大会宪法和法律委员会

2023年12月25日

全国人民代表大会宪法和法律委员会关于
《中华人民共和国公司法（修订草案
四次审议稿）》修改意见的报告

全国人民代表大会常务委员会：

本次常委会会议于 12 月 25 日下午对公司法修订草案四次审议稿进行了分组审议。普遍认为，修订草案已经比较成熟，建议进一步修改后，提请本次常委会会议表决通过。同时，有些常委会组成人员和列席人员还提出了一些修改意见和建议。宪法和法律委员会于 12 月 25 日晚召开会议，逐条研究了常委会组成人员和列席人员的审议意见，对修订草案进行了审议。财政经济委员会、最高人民法院、司法部、国家市场监督管理总局有关负责同志列席了会议。宪法和法律委员会认为，修订草案是可行的，同时，提出以下修改意见：

一、有些常委委员建议明确公司应当按照规定真实、准确、完整公示相关信息，提高公司披露信息的透明度和准确性。宪法和法律委员会经研究，建议采纳这一意见，在修订草案四次审议稿第四十条中增加规定，公司应当确保公示信息真实、准确、完整。

二、修订草案四次审议稿第五十条规定，有限责任公司设立时的股东，在出资不足的范围内承担连带责任。有的意见提出，上述要求应仅适用于设立时股东未实际缴纳出资或实际出资的非货币财产的实际价额显著低于所认缴的出资额的情形，建议进一步予以明确。宪法和法律委员会经研究，建议采纳这一意见，对相关表述进行调整。

三、修订草案四次审议稿第一百三十六条第二款对上市公司章程应当载明的事项作了规定。有的常委委员提出，上市公司章程修改程序复杂，成本较高，建议适当简化有关记载事项。宪法和法律委员会经研究，建议删去其中的董事会专门委员会的"议事规则"，将"薪酬与考核机制"修改为"薪酬考核机制"。

四、有的常委委员提出，董事会根据公司章程或者股东会授权决定发行股份，会导致公司注册资本、已发行股份数发生变化，仅因此项记载事项发生变化需要修改公司章程的，不需再由股东会表决，建议予以明确。宪法和法律委员会经研究，建议采纳这一意见。

还有一个问题需要汇报。国家市场监督管理总局建议对新法施行前已设立的公司的出资期限设置过渡期，并授权国务院制定具体办法。根据国家市场监督管理总局的意见，宪法和法律委员会经研究，建议增加规定："本法施行前已登记设立的公司，出资期限超过本法规定的期限的，除法律、行政法规或者国务院另有规定外，应当逐步调整至本法规定的期限以内；对于出资期限、出资额明显异常的，公司登记机关可以依法要求其及时调整。具体实施办法由国务院规定。"同时，宪法和法律委员会建议，法律出台后，国务院方面应当抓紧制定实施办法，保证与法律同步实施并做好宣传解读工作。

经与有关方面研究，建议将修订后的公司法施行时间确定为 2024 年 7 月 1 日。

此外，根据常委会组成人员的审议意见，还对修订草案四次审议稿作了个别文字修改。

修订草案修改稿已按上述意见作了修改，宪法和法律委员会建议本次常委会会议审议通过。

修订草案修改稿和以上报告是否妥当，请审议。

全国人民代表大会宪法和法律委员会
2023 年 12 月 29 日

图书在版编目（CIP）数据

中华人民共和国公司法新旧对照与释义／赵磊编著

. —北京：中国法制出版社，2024.1

ISBN 978-7-5216-4116-5

Ⅰ.①中… Ⅱ.①赵… Ⅲ.①公司法-法律解释-中国 Ⅳ.①D922.291.915

中国国家版本馆 CIP 数据核字（2024）第 016193 号

策划编辑：王雯汀

责任编辑：王雯汀　　　　　　　　　　　　　　　　封面设计：李　宁

中华人民共和国公司法新旧对照与释义

ZHONGHUA RENMIN GONGHEGUO GONGSIFA XINJIU DUIZHAO YU SHIYI

编著/赵磊

经销/新华书店

印刷/三河市国英印务有限公司

开本/710 毫米×1000 毫米　16 开　　　　　　　印张/ 14.75　字数/ 178 千

版次/2024 年 1 月第 1 版　　　　　　　　　　　2024 年 1 月第 1 次印刷

中国法制出版社出版

书号 ISBN 978-7-5216-4116-5　　　　　　　　　定价：48.00 元

北京市西城区西便门西里甲 16 号西便门办公区

邮政编码：100053　　　　　　　　　　　　　传真：010-63141600

网址：http：//www.zgfzs.com　　　　　　　编辑部电话：010-63141824

市场营销部电话：010-63141612　　　　　　印务部电话：010-63141606

（如有印装质量问题，请与本社印务部联系。）